企业管理与人力资源建设研究

吴艳华◎著

图书在版编目（CIP）数据

企业管理与人力资源建设研究 / 吴艳华著. -- 北京：中国商务出版社，2022.10
ISBN 978-7-5103-4175-5

Ⅰ．①企… Ⅱ．①吴… Ⅲ．①企业管理－人力资源管理－研究－中国 Ⅳ．①F279.23

中国版本图书馆CIP数据核字(2022)第180782号

企业管理与人力资源建设研究
QIYE GUANLI YU RENLI ZIYUAN JIANSHE YANJIU

吴艳华 著

出　　版	中国商务出版社
地　　址	北京市东城区安外东后巷28号　邮　编：100710
责任部门	教育事业部（010-64283818）
责任编辑	刘姝辰
直销客服	010-64283818
总 发 行	中国商务出版社发行部　（010-64208388　64515150 ）
网购零售	中国商务出版社淘宝店　（010-64286917）
网　　址	http://www.cctpress.com
网　　店	https://shop162373850.taobao.com
邮　　箱	347675974@qq.com
印　　刷	北京四海锦诚印刷技术有限公司
开　　本	787毫米×1092毫米　1/16
印　　张	11	字　数：226千字
版　　次	2023年5月第1版	印　次：2023年5月第1次印刷
书　　号	ISBN 978-7-5103-4175-5	
定　　价	56.00元	

凡所购本版图书如有印装质量问题，请与本社印制部联系（电话：010-64248236）

版权所有　盗版必究　（盗版侵权举报可发邮件到本社邮箱：cctp@cctpress.com）

前　言

企业管理对于一个企业来说，如同命脉一般重要。进入 21 世纪，世界经济飞速发展，经济全球化的进程进一步加快，全球性的市场竞争日益激烈，现代企业管理对企业的生存和发展起着越来越大的作用，这就对现代企业管理提出了许多新的要求和新的课题。广大企业，特别是大型现代化企业，迫切需要大批既掌握现代市场经济理论和现代企业管理知识，又富有创新精神，善于经营，能够开创新局面的企业管理人才。

战略人力资源管理是基于人力资源重要性的提升，是基于人力资源作为企业战略性资源、竞争优势的源泉而提出的。它的本质集中体现在战略性上。而战略人力资源管理的几大特征是一个相互联系、密不可分的体系。战略性与灵活性是其核心，而战略性又是其本质与基础；匹配性是战略人力资源管理的关键，是战略性的保障。

在市场经济发展的大潮中，企业必须审时度势，进行现代化管理，企业管理模式要不断创新，与企业管理现代化进行融合，不断提升企业管理水平，促进企业蓬勃发展。人力资源与企业管理在当今社会有着重要的作用，本书旨在将这两个领域结合，从而说明两者的区分和联系。本书首先介绍企业管理的基础知识和管理经典理论，在分析各种影响因素的基础上，努力紧扣管理实际，使读者尽可能全面而快速地学会各种企业管理知识；然后深入地探究了企业人力资源建设相关战略以及总体设计，多角度地分析了人力资源的管理体系建设。本书兼具理论与实际应用价值，可供企业管理人员以及人力资源工作者参考借鉴。由于时间仓促及编者的水平有限，不足之处在所难免，敬请读者和同行不吝指正。

目　录

第一章　企业管理的基本职能　　1
　　第一节　企业管理的概念及基本职能　　1
　　第二节　计划职能　　2
　　第三节　组织职能　　6
　　第四节　领导职能　　8
　　第五节　控制职能　　12

第二章　企业财务管理　　16
　　第一节　企业财务管理概述　　16
　　第二节　资金的筹集与筹资结构优化　　22
　　第三节　资金运用管理　　24
　　第四节　成本和利润管理　　26
　　第五节　企业经济效益分析与评价　　29

第三章　企业营销管理　　33
　　第一节　市场营销概述　　33
　　第二节　市场营销机会分析　　35
　　第三节　市场细分及产品价格策略　　42
　　第四节　企业分销及促销策略　　49

第四章　企业管理创新实践　　55
　　第一节　企业管理创新体系　　55
　　第二节　企业的管理创新　　58

| 第三节 | 企业竞争力的提升 | 61 |
| 第四节 | 我国企业的管理创新实践 | 67 |

第五章　人力资源战略与组织设计　72

第一节	组织设计在人力资源战略管理中的重要性	72
第二节	竞争性企业的组织结构设计	77
第三节	组织结构诊断	84

第六章　员工招聘与培训　91

| 第一节 | 员工招聘与选拔录用 | 91 |
| 第二节 | 培训与开发 | 108 |

第七章　绩效与薪酬管理　118

| 第一节 | 绩效管理 | 118 |
| 第二节 | 薪酬管理 | 135 |

第八章　人力资源管理职能的战略转型与优化　148

| 第一节 | 人力资源管理职能的战略转型 | 148 |
| 第二节 | 人力资源管理职能的优化 | 153 |

参考文献　167

第一章　企业管理的基本职能

第一节　企业管理的概念及基本职能

一、企业管理的概念与特点

管理作为一种人类的实践活动,是伴随着人类历史而产生、发展的。但是作为一门系统的学科,其建立却是在工业化的 20 世纪初,而且迄今为止,"管理"一词也还没有一个统一的可被大多数人都接受的定义,原因是不同的人在不同层次、以不同的角度对待管理工作,自然对管理的认识、总结也就不同。

一般来说,管理可定义为:通过计划、组织、领导、激励、控制等环节协调好组织的各项运营性活动与资源,以期达到组织目标的过程。这一定义表明了管理三方面的含义:一是管理作为一个过程,是通过计划、组织、领导、激励、控制等职能来加以实现的,它也表明管理的基本职能与管理者的工作内容。二是管理的对象是组织的各项业务性活动及其所使用的资源,包括人力、财力、物力、时间、信息等,即组织在使用资源的过程中通过业务性和管理性的活动以实现其经济性。三是管理的目的在于达到组织的目标,这是其有效性的规定,至于管理过程中对效率、经济性目标的追求是在有效性确定的基础上进一步完善的过程。组织的管理性活动与其他运营性业务活动有很大的差异,它的核心是进行一种综合协调。

二、企业管理的基本职能

对于企业管理的职能,目前国内外尚有不同的看法和学派,列举如下:

(一)四种功能学派

计划、组织、领导、控制。

(二)五种功能学派

①计划、组织、指挥、协调、控制;

②计划、组织、领导、激励、控制；

③决策、计划、组织、领导、控制。

根据这些管理职能的内容，可以看出其内容基本大同小异，并无本质的区别。例如，领导职能，可以涵盖指挥、协调、激励等内容，具体的计划、组织、领导、控制四种职能的说法本节不展开说明。

第二节　计划职能

一、计划的概念及分类

计划是企业内部管理职能中最基本的一个职能，它所涉及的问题是要在未来的各种行为过程中做出抉择，也就是预先决定做什么、如何做和由谁去做。计划职能是为了实现组织已定的决策目标，而对整体目标进行分解，并组织人力、财力、物力，拟定实施步骤、方法和制定相应的策略、政策等一系列管理活动。

计划按照不同的分类标准可以有不同的分类：

第一，按计划所涉及的时间及期限，可将计划分为长期计划、中期计划和短期计划。长期计划是指计划期限在三至五年以上的计划，一般又称为战略性计划。短期计划是指计划期限短于一年的计划，又称为战术性计划。计划期限介于两者之间的计划通常称为中期计划。

第二，按计划所涉及的工作可把计划分为生产计划、销售计划、财务计划、人事计划等。

第三，按计划的广度和范围可把计划分为政策、程序和方法。这种分类法不仅可以使人们确定计划的广度，也可以使人们知道发起计划的组织级别和计划在组织内被利用的范围大小。公司的政策在应用范围方面很广泛，它规定必要的并为公司董事会或执行委员会所认可的活动范围，往往由组织的最高阶层制定，并且，它具有相对的稳定性。程序只是在部门之间或部门内部适用，它不像政策那样会影响整个组织机构；它一般都起源并应用于组织内部的一个部门，但对组织内部其他相关部门有着一定的影响。方法一般应用于一定的作业部门内部，被认为是为完成一定任务所必须执行的各种作业方法及先后次序的一种计划，并主要用于指导个人的行为。

第四，根据计划内容可将计划分为专项计划和综合计划两种。专项计划是指为完成某一特定任务而拟订的计划。综合计划是指对组织活动所做的整体安排。

第五，根据计划内容的表现形式可将计划分为宗旨、目标、策略、政策、程序、规划、预算等几种类型。宗旨是指明确组织从事什么样的事业，是什么性质的组织；目标是组织在一定时期内要达到的具体成果；策略是指为实现组织目标而采取的一系列措施、手段或技巧；政策是指在决策或处理重要问题时，用来指导和沟通思想与行动方针的明文规定；程序是处理那些重复发生的问题的方法和步骤；规划是指为实现既定目标、策略、政策等而制定的较长期的安排；预算是为实现计划的财务安排，如成本预算、销售费用预算、广告预算等。

二、计划在管理中的作用

计划作为管理工作的一项基本职能，在管理活动中起着重要的作用。

（一）计划明确了组织要实现的目标

一个管理组织之所以能生存下去，是因为它可以通过分工和协作来达成一定的组织目标。通过计划，能使组织的行为瞄准一定的目标，还能预测到哪些行为会促成组织最终目标的实现，哪些行为会导致背离组织目标。计划工作就是通过一系列的预测及事先安排，来协调组织的行动，实现组织的目标。

（二）计划是管理活动的纲领

计划是其他管理职能的基础，是一切管理活动的纲领。在现代社会里，任何一个工程、一项任务，其过程往往都比较复杂，劳动分工精细，专业化协作关系紧密，要使这样一个复杂的工作能很好地组织起来并保证其正常地进行，必须有统一严密的计划作为其共同行动的纲领。

（三）计划是控制的标准

计划与控制是管理工作中不可分割的两项工作。制订计划就是为了很好地进行控制。没有计划的行动，不能向控制活动提供控制的依据，控制活动就无法很好地进行，组织也无法保证其行动的正确性，这必然会影响组织目标的实现。

三、计划的一般程序

计划工作必须紧紧围绕着两个基本问题：一是拟实现哪些目标；二是如何实现所制定的目标。只有围绕这两个问题，完整的计划工作程序才能顺利展开。

（一）描述、理解、沟通组织的使命和宗旨

计划工作过程起源于组织的使命和宗旨。这里存在两种情况：一是组织并不存在明确的使命和宗旨，界定并描述组织的使命和宗旨便成为计划工作的重要内容，新创办的组织、处于重大变革时期的组织往往属于这种情况；二是如果已存在明确的组织使命和宗旨，还需要正确地理解组织的使命和宗旨，并将其贯彻到计划的制订与实施工作中。在正确理解组织的使命和宗旨的基础上，还要把组织的使命和宗旨传播给组织成员、顾客及各相关利益群体，使与计划的制订和实施工作有关的人员了解并接受组织的使命和宗旨，这将十分

有利于计划的快速实施和竞争优势的营造。

（二）评估组织的当前状况

计划工作一个重要的工作环节是对组织的当前状况做出评估，这是制订和实施计划工作方案的前提。从大的方面看，当前状况的评估工作要对组织自身的优势和劣势、外部环境的机会和威胁进行综合分析。当然，对于那些局部作业性质的计划工作，往往并不需要特别复杂和综合的内外部环境分析。但即便如此，也要对内部的资源与外部关系做出基本的判断。分析内部资源，主要应考虑组织的财务状况、员工技能、技术水平，以及那些能反映组织当前工作状况的信息资料。分析内部资源可以了解组织目前的优势和劣势。同时，还应分析组织的外部关系，如与供应者之间的关系、与顾客之间的关系、与银行等公共群体之间的关系等。分析外部关系可从中发现计划工作必须予以关注的潜在机会和限制因素。

（三）制定计划目标

分析了组织的现状之后，就要回答"往何处去"这一问题，即要确定目标。目标是组织期望达到的最终结果。一个组织在同一时期可能有多个目标，但任何一个目标都应包括以下内容：

①明确的主题，如是扩大利润、提高顾客的满意度，还是改进产品质量等。

②期望达到的数量或水平，如销售数量、管理培训的内容等。

③可用于测量计划实施情况的指标，如销售额、接受管理培训的人数等。

④明确的时间期限，即要求在什么样的时间范围内完成目标。

（四）估量现状与目标之间的差距

组织的将来状况与现状之间必然存在着差距，客观地衡量这种差距，并设法缩小这种差距，是计划工作的重要任务。

一般来看，缩小现状与目标之间的差距可采取两类措施：一类是不打破现状，在现状的基础上力求改进，随着时间的推移不断地逼近目标。例如，针对市场占有率低的现状，可以通过加大广告开支和营销力度，降低产品价格等措施，实现企业扩大市场占有率的目标，这类措施风险相对小。另一类是变革现状，有时甚至是对组织进行根本性的调整，如调整组织结构、大幅度精简人员等。这类措施风险相对大，但如果成功，组织绩效将会得到明显的改进。具体采用哪一类措施，需要对现状与目标之间的差距做出客观而准确的分析。

（五）预测未来情况

在计划实施过程中，组织内外部环境都可能发生变化。如果能够及时预测内外部环境的可能变化，对制订和实施计划来说将十分有利。所以，计划工作人员应设法预见计划在未来实施时所处的环境，对影响既定计划实施的诸环境要素进行预测，在此基础上，设计可行的计划方案。所谓预测，就是根据过去和现在的资料，运用各种方法和技术，对影响组织工作活动的未来环境做出正确的估计和判断。预测有两种：一种预测是计划工作的前提，比如对未来经营条件、销售量和环境变化所进行的预测；另一种预测是从既定的现行计划出发对将来的期望，如对一项新投资所做的关于支出和收入的预测。预测的方法多种多样，主要有两大类：一是定性预测方法，主要靠人们的经验和分析判断能力进行预测，如德尔菲法等；二是定量预测方法，就是根据已有的数据和资料，通过数学计算和运用计量模型进行预测，如时间序列分析、回归分析，等等。这些方法往往具有较强的专业技术特征，而且复杂程度不同，所以应当有选择地加以运用。

（六）制订计划方案

在上述各阶段任务完成之后，接下来应制订具体的计划方案。计划方案类似行动路线图，是指挥和协调组织活动的工作文件，要清楚地告诉人们做什么、何时做、由谁做、何处做以及如何做等问题。制订计划方案包括提出方案、比较方案、选择方案等工作。

计划是面向未来的管理活动，未来是不确定的，因此，在制订计划方案的同时，还应该制订应急计划（或称权变计划），即事先估计计划实施过程中可能出现的问题，预先制订备选方案（有时甚至是几套备选方案），这样可以加大计划工作的弹性，使之更好地适应未来环境。

（七）实施计划方案

选择、制订好计划方案之后，很多人认为计划工作就完成了。但是，如果不能将之转化为实际行动和业绩，再好的计划也没有用。因此，实施全面计划管理的组织，应把实施计划作为组织的中心工作，组织中的计划部门应负责并协调计划的实施过程，了解和检查计划的实施情况，与计划实施部门共同分析问题、采取对策，确保计划目标的顺利实施，在紧急情况发生时制订应急计划。当然，大部分组织的计划部门还要承担具体实施计划的任务。参与实施计划，及时获取有关计划实施情况的信息，总结和积累经验，这将有助于计划的实施和计划工作科学化水平的提高。

（八）实施结果的评估

定期对计划实施结果进行评估，有助于领导和组织全面了解计划执行的情况、存在的问题以及需要改进的方向。实施结果评估是以部门为单位，采用图表的形式进行定量化评估，将各部门的结果汇总，形成评估报告，得出本期计划执行的效果，并指出本期计划的不足和需要改进的地方，促使企业计划水平不断提高。

第三节　组织职能

一、组织的含义

企业组织理论是管理科学的一个重要组成部分。从历史上看,"组织"与"管理"曾被看成同义词,因此,从某种意义上说,管理理论首先是从组织理论的研究开始而逐步发展形成的。组织一般泛指各种各样的社会组织或事业单位,如企业、机关、学校、医院、工会等。由于生理的、心理的、物质的、社会的限制,人们为了达到个人的和共同的目标,就必须合作,于是形成群体,即组织。经过长期研究,学者对于组织形成以下定义。

(一)组织结构论

古典管理学派认为,组织是为了达到某些特定目标经由分工与协作及不同层次的权力和责任制度而构成的人的集合。这个定义有三层意思:

①组织必须具有目标。因为任何组织都是为目标存在的,不论这个目标是明确的或是隐含的,目标是组织存在的前提。例如:企业的目标是为社会提供满足人们需要的产品或服务,并获取利润。

②为了达到目标,使工作有效率,组织内的各种活动和人员必须分工协作。

③要分工与协作,组织必须设置不同层次的权力与责任制度,它用来反映上下级之间的一种关系。下级有向上级报告自己工作绩效的义务或责任;上级有对下级的工作进行必要指导的责任。

(二)组织行为论

组织是两人或两人以上有意识加以协调的活动或效力系统。这里强调的是组织成员的协调或协作,更适用于组织的运行分析。

(三)组织系统论

组织是开放的社会系统,具有许多相互影响、共同工作的子系统,当一个子系统发生变化时,必然影响其他子系统和整个系统的工作。这种定义把组织内的部门和成员看成是有机联系、互相作用的子系统。从作用上分,可以包括传感子系统、信息子系统、决策子系统、加工子系统等;从组织上分,可以包括决策子系统、管理子系统、执行子系统、操作子系统等。系统论更适用于组织变革分析。

(四)权变理论

权变理论认为,一个组织是由各子系统组成的系统,并从环境的分界来划出轮廓,要尽量了解各个子系统内部及其各子系统之间的关系，以及组织和环境之间的关系，并尽量明确各个变量的关系和结构模式。它强调组织变化无常的性质，并且也注重了解组织在不同条件下和在特定条件下如何运转。

不同的工业需要不同的组织结构。由于受外部环境制约，凡是有特定的目标、稳定的环境、严密的界限、常规技术和雇佣人员、追求可靠性的地方，比较机械的组织是有效的；凡是目标比较模糊不清，有动态环境，并必须有革新的地方，有机形式的组织可能更适当。应该指出的是，世上并没有一种适应一切组织的结构。不管是哪一种组织体系理论，哪一种组织形态，现代管理组织都要充分发挥个人的智慧来创造整体的成就。所以不但要注意内部规律化的交互作用，而且要注意环境的适应。现代管理组织就是一种系统结构，不但要注意功能系统，充分发挥人的结合力量，而且，要注意人机系统，以及社会的、经济的、技术的各种系统的相互影响。

在管理学中，"组织"可以从静态与动态两方面来理解。从静态方面看，组织是指组织结构，即反映人、职位、任务以及它们之间的特定关系的网络。这一网络可以把分工的范围、程度、相互之间的协调配合关系、各自的任务和职责等用部门和层次的方式确定下来，成为组织的框架体系，如工厂、机关、学校、医院、各级政府部门、各个层次的经济实体、各个党派和政治团体等等，这些都是组织。从动态方面看，组织是指维持与变革组织结构，以完成组织目标的过程。通过组织机构的建立与变革，将生产经营活动的各个要素、各个环节，从时间上、空间上科学地组织起来，使每个成员都能接受领导、协调行动，从而产生新的、大于个人和各集体功能简单相加的整体职能。因此，组织职能包括三方面的内容：一是组织的结构；二是组织的行为；三是组织的变革。

二、组织的性质及构成

（一）组织的性质

组织的性质是由组织本身所决定的，或者说由组织的构成要素所决定的，组织的性质同时也反映了组织的构成要素，可以通过了解组织的性质了解组织的构成要素。从人的认识过程来说，首先要了解组织的性质，然后才能进一步去研究组织的内在构成要素。在系统科学研究中，人们从各个方面描述了系统的具体特征，如整体性、统一性、结构性、动态性和目的性，等等。其中，目的性、整体性是系统最普遍、最本质的特征。组织也是系统，因此，所有组织，无论是社会组织还是生物组织都具有目的性、整体性这两个主要特征。

（二）组织的构成

根据组织表现出来的性质，可以把组织的构成要素确定为：组织环境、组织目的、管理主体和管理客体。这四个基本要素相互结合、相互作用，共同构成一个完整的组织。

1. 组织环境

组织环境是组织的必要构成要素。组织是一个开放系统，组织内部各层级、部门之间和组织与组织之间，每时每刻都在交流信息。任何组织都处于一定的环境中，并与环境发生着物质、能量或信息交换关系，脱离一定环境的组织是不存在的。组织是在不断与外界交流信息的过程中，得到发展和壮大的。所有管理者都必须高度重视环境因素，必须在不同程度上考虑到外部环境，如经济的、技术的、社会的、政治的和伦理的等，使组织的内外要素互相协调。

2. 组织目的

组织目的也是一个组织的要素。所谓组织目的，就是组织所有者的共同愿望，是得到组织所有成员认同的。任何一个组织都有其存在的目的，建立一个组织，首先必须有目的，然后建立组织的目标，如果没有目的，组织就不可能建立。已有的组织如果失去了目的，这个组织也就名存实亡，而失去了存在的必要。企业组织的目的，就是向社会提供用户满意的商品和服务，从而为企业获得尽量多的利润。

3. 管理主体和管理客体

组织组成要素应当是相互作用的，或者说是耦合的。在组织中，这两个相互作用的要素是管理主体和管理客体。管理主体是指具有一定管理能力，拥有相应的权威和责任，从事现实管理活动的人或机构，也就是通常所说的管理者。管理客体是管理过程中在组织中所能预测、协调和控制的对象。管理主体与管理客体之间的相互联系和相互作用构成了组织系统及其运动，这种联系和作用是通过组织这一形式而发生的。管理主体相当于组织的施控系统，管理客体相当于组织的受控系统。组织是管理主体与管理客体依据一定规律相互结合，具有特定功能和统一目标的有序系统。在管理的过程中，管理主体领导管理客体，管理客体实现组织的目的，而管理客体对管理主体又有反作用，管理主体根据管理客体对组织目的的完成情况，从而调整管理主体的行为。它们通过这样的相互作用，形成了耦合系统，从而更好地实现组织的目的。

第四节　领导职能

一、领导

领导是管理工作的一个重要方面。卓越的领导能力是成为一个有效的管理者的重要条件之一。也就是说，一个好的管理者首先应是一个有效的领导者。因此，在这里，领导就是一种通过指挥和协调个人活动，使之与整个群体利益相一致的行为。由此可见，领导活动包括三个基本要素,即领导者、被领导者以及两者结合的作用对象。

(一)领导者

领导者是领导活动的主导因素。从广义上讲,凡是率领或引导组织成员向一定目标前进的人都是领导者;从狭义上讲,领导者是指由一定组织正式委任,具有一定职权,负有相应责任和代表群体利益的人。领导者意味着权力、责任和服务三者的统一。领导者服务能力越强,权力越大,责任也就越大。

(二)被领导者

被领导者是领导者与作用对象的中介环节,可分为绝对被领导者和相对被领导者。绝对被领导者是指在社会组织中不担任任何领导职务的人;相对被领导者是指担任一定领导职务的被领导者。

(三)作用对象

作用对象即客观环境,是领导活动中不可缺少的因素。领导活动就是把已认识和尚未认识的客观环境转化为已进入领导活动的那部分客观环境的过程。

领导活动是以上三种要素相互作用、相互结合的表现形式,也正是由此形成了领导活动的一般规律,即通过沟通、激励和运用科学领导方法实行有效领导。

二、沟通

(一)沟通的概念

沟通就是信息的交流,是信息由发出者到达接收者并为接收者所理解的过程。沟通既是社会心理学、行为科学及管理心理学的研究课题,也是现代管理学研究的内容。

一个有效的领导者需要必要的信息去履行其领导职能和开展管理活动,而信息的获取必须通过沟通来实现。因此,沟通就成为领导者实现其领导职能的一种手段。

(二)沟通的过程

沟通是使有组织的活动统一起来,使目标得以实现的手段。一个沟通过程包括信息的发出、传送、接收、反馈四个环节。沟通过程是一个双向传递的过程。

1. 信息的发出者

沟通开始于信息发出者。信息发出者或者是领导者,或者是被领导者。信息的发出者是沟通的发起人。信息在发出时,要求发出者以接收方理解的方式对信息进行编码后再传送。只有这样,信息接收者收到信息后,才能解码,才能反馈。

2. 传递渠道

信息在传送过程中,要借助某种传递渠道作为媒介,如电话、书信等方式。有时可使用两种或更多种渠道,如用电话联系的两个人达成一项协议后,再用函件的形式加以确认。另外,不同的媒介各有利弊,因此在有多种选择的情况下,正确选择渠道是极为重要的。

3. 信息接收者

信息接收者就是沟通的对象,可能是领导者,也可能是被领导者。信息接收者必须注意接收信息,才能正确理解信息发出者的思想。否则,信息接收者不太注意或者根本就没有接收信息的话,就会增加沟通失误的可能性。

4. 反馈

信息从发出者传到接收者,只完成了沟通的一个方面,即接收者的反馈信息还没有传递到发出者。这样,信息发出者就不会了解接收者的状态,如接收是否准确、是否受到干扰、是否存在错误解码等,这些都会妨碍沟通。因此,反馈是沟通过程中不可缺少的一个必要环节。

(三)沟通的类型

1. 正式沟通

正式沟通一般指在组织系统内,依据组织明文规定的原则进行的信息传递与交流。

(1) 正式沟通有下向、上向、横向、斜向沟通等几种方式

斜向沟通是发生在组织内部不同系统、不同层次的人员之间的沟通,对组织中的其他正式沟通渠道会起到一定的补充作用。

(2) 沟通的网络是指组织的沟通信息纵横流动所形成的各种形态

常见的沟通网络一般有五种形态,即链式、环式、Y式、轮式和全通道式。

①链式沟通:容易失真。②环式沟通:组织的集中化程度较低,组织成员具有比较一致的满意度。③Y式沟通:集中化程度高,除中心人员外,组织成员的平均满意程度较低。④轮式沟通:集中程度高,解决问题的速度快。⑤全通道式沟通:组织成员的平均满意程度高且差异小,因此士气高昂;但易造成混乱,且又费时,影响工作效率。

2. 非正式沟通

非正式沟通和正式沟通不同,它的沟通对象、时间及内容等,都是未经计划和难以辨别的。在相当程度上,非正式沟通的出现也是出于决策对于信息的需要。非正式沟通较正式沟通具有较大的弹性,它可以是横向流向或斜角流向,一般也比较迅速。

三、激励

激励就是引发和促进人们去进行某种特定行为的活动。管理激励就是指管理者运用某种方法与途径,使组织成员能够为达到组织目标而积极行动、努力工作的活动过程。因此,就管理者而言,激励呈现出一种由管理者所实施,意在引发、维持、促进人们进行为管理

者所预期的行为的管理活动过程。激励的方法要根据激励因素确定，通常有工作成就感、身份、权力欲、竞争压力、金钱等。

（一）工作成就感

工作成就感是一个人成功的欲望。工作中的挑战越大，工作成就感就越大。因此，人们必须知道他们工作的职责范围，必须相信他们正在做的工作所具有的价值。这样人们的这一需要才容易得到满足。

（二）身份

身份也就是一个人的地位。它包括称号、头衔、提升以及诸如办公室的规格、职位任命等。

（三）竞争压力

竞争充满了社会的各个方面，从日用品的促销到管理人员的选拔均存在竞争，通过竞争促使优胜劣汰。因此，谁都有被淘汰出局的可能。每个人都想在竞争中获胜，因此这一因素也就是一个激励因素。

（四）金钱

在大多数场合，金钱不仅是钱，通常还是其他激励因素的一种反映。作为一种激励因素，金钱主要表现为劳动报酬，即主要是通过劳动换来的。金钱之所以能激励人们，是因为金钱是人们达到最低生活水平的重要手段。也就是说当人们对金钱的需要已不再那么迫切的时候，金钱也就不再是一种激励因素，而只是一种保健因素，即维持一个组织机构配备足够人员的一种手段。

总之，激励取决于领导方式和管理实践，反过来又影响领导方式和管理实践。领导者如果要设计一个人们乐意在其中工作的环境，必须对个人的激励做出反应，即采取相应的激励方法。同时各个激励因素之间不是独立和分隔的。因此，在采用相应的激励方法时，要综合考虑，分清主次。

四、领导者素质

领导者素质是实现领导目标的主观要素。在领导活动中，领导者处于主导地位，领导者素质的高低，对保证领导目标的实现和领导效能的提高，起着决定性作用。

领导者素质是指领导者在一定时间、空间条件下实施领导的知识、才能、品格、精神、观念、气质、体魄等诸方面因素的总和。领导者素质的主要内容有知识素质、能力素质、品格素质和精神素质等。

（一）知识素质

知识素质是领导者不可缺少的重要素质。简言之，知识素质就是领导者的真才实学，具体包括深厚的基本理论知识、娴熟的专业管理知识、广博的科学文化知识等。

（二）能力素质

能力素质是领导者素质的核心，是领导者把主观意图转化为客观现实的转换器。良好的能力素质主要包括统筹全局的洞察力、权衡利弊的决断力、周密严谨的组织能力、善于沟通的协调能力和适时调整的应变力等。

（三）品格素质

品格素质是领导素质中的重要素质之一，主要包括高度的事业心、秉公办事的原则性、谦让客人的气量以及以身作则、严于律己的自制力等。

（四）精神素质

精神素质是领导素质的又一重要素质，它是领导者取得成功的催化剂。良好的精神素质包括勤奋不息的好学精神、进取不息的创新精神、执着不渝的求实精神和坚忍不拔的顽强精神等。

第五节　控制职能

一、控制的基本内容

控制是组织在动态的环境中为了实现既定的目标而进行的检查和纠偏活动或过程。控制是保证管理目标实现的一项职能。管理的任务在于保证计划目标的实现，而管理的动态性决定了在计划执行过程中，由于各种因素的干扰，实际往往偏离了计划。控制的职能就在于及时发现实际活动偏离计划的情况、原因和责任，并及时加以纠正，使计划的执行与计划的要求相一致。因此，控制工作就是尽量使实际符合于计划。其中，纠正偏差的措施可能是一些简单的措施，只是使实际偏差校正为计划要求的状态，但也可能导致确立新的目标，提出新的计划。

管理控制与计划、组织及领导密切联系在一起，共同形成管理工作循环系统，它们都是管理的职能。只要存在管理工作，这种循环就会反复运行，而每一次循环的完成都把管理工作推向一个新的高度。其中，管理计划是控制的标准和依据，而控制是计划实施过程中的保证；管理组织和领导是控制得以进行的前提条件，而控制工作又是组织和领导的主要任务。

二、控制的类型

（一）按照控制活动的性质，可分为预防性控制与更正性控制

第一，预防性控制是避免产生错误，或尽量减少更正活动的控制类型。例如，人人知法、人人懂法，就可以在很大程度上减少由于不知法、不懂法而导致的违法行为的发生。因此，国家强调法制，制定法令法规并大力宣传普及，这就是预防性控制措施。一般来看，像规章制度、工作程序、人员训练等都起着预防控制的作用。

第二，更正性控制的目的在于当出现偏差时，使行为或实施进程返回到预先确定的或所希望的水平。例如，定期对企业及各类组织进行财务审计，有助于及时发现问题、解决问题。

（二）按照整个组织控制活动的来源，可分为正式组织控制、群体控制与自我控制

第一，正式组织控制是由管理人员设计和建立起一些机构或规定来进行控制。像规划、预算和审计部门是正式组织控制的典型例子。组织通过规划指导组织成员的活动，通过预算来控制经费使用，通过审计来检查各个部门或个人是否按照规定进行活动，并提出更正措施。

第二，群体控制是基于群体成员的价值观念和行为准则，由非正式组织发展和维持的。非正式组织有自己的一套行为规范，其成员都知道遵循这些规范或是违反这些规范的利害。例如，建议一个新来的职工把产量限制在一个群体可接受的水平，就是在企业管理中经常遇到的群体控制事例。群体控制在某种程度上左右着组织成员的行为，处理得好，有利于达成组织目标；处理不好，将会给组织带来很大危害。

第三，自我控制是组织成员有意识地按某一行为规范进行活动，也称个人自我控制。例如，一个职工不把集体的财物据为己有，是由于他具有诚实、廉洁的品质，而不单单是怕被抓住而受惩罚。这是有意识的个人自我控制。自我控制能力取决于个人自身素质，具有良好修养的人一般自我控制能力较强。

上述正式组织控制、群体控制和自我控制措施的采用取决于组织对其成员的教育和吸引力，或者说取决于组织文化。有效的管理控制系统应该综合利用这三种控制措施。

（三）按照控制活动的重点，可分为预先控制、现场控制和反馈控制

第一，预先控制是面向未来的控制，又称为前馈控制。它是在做出决策和计划时，预先为实施计划做好充分的准备工作，尽量减少实施中的偏差。这种预先控制正是决策中的预测工作，也正是预测的实质，即控制。在管理控制中，只有在管理者能够预先对即将出现的偏差有所察觉并及时采取措施时，才能实现有效控制。

第二，现场控制（事中控制）是指在实施计划的过程中，充分体现管理控制的那一部分工作，又称适时控制。通常包括确立标准、搜集信息、衡量成败和纠正偏差等内容，现

场控制是一种运用较多的控制方法。搞好现场控制，有利于提高效率，及时纠正偏差，较好地保证计划的实施，从而实现有效控制的目标。这一控制方式也是最基本的控制方式。

第三，反馈控制也称过后行为控制或事后控制，是指在行动和任务完成之后，用实际结果与原计划标准进行比较，作为将来工作的借鉴，并采取相应措施加以纠正和改进。这一控制方式是以管理作为一个系统，把计划的完成情况反馈到决策阶段，为下一个系统循环的运行制定新的目标，包括在计划完成时存在的问题、偏差情况、原因等，从而达到逐步控制、改进的目的。因此，这种控制方式也是决策的一部分，可以为决策提供依据，并进行信息反馈，是有效控制不可缺少的一个环节。

（四）按照组织控制所使用的手段，可分为直接控制与间接控制

第一，直接控制从字面理解是指通过控制者与被控制者直接接触进行控制的形式。现代经济管理活动中，人们把直接控制理解为通过行政手段进行的控制。由于行政命令往往比较简单、直观，因此在实际的经济管理活动中需要考虑到其应用范围界限，否则直接控制可能收到不好的效果。

第二，间接控制从字面理解是指控制者与被控制者之间并不直接接触，而是通过中间媒介进行控制的形式。现代经济管理活动中，人们习惯于把利用经济杠杆进行控制称为间接控制。经济杠杆主要有税收、信贷、价格等经济措施或经济政策。在企业内部将奖金与绩效挂钩的分配政策，运用思想政治工作手段形成良好风气，都可以有效地控制人们的行为，这都属于间接控制。

此外，从对控制客体的作用方式的角度，还可以把控制分为外加控制和自我控制。外加控制是被动的，控制由管理者发出而作用在控制客体上，因而称为外加控制。自我控制则不同，控制的客体和主体具有同一性，因而这种控制是主动控制。主动控制能更好地把握计划的执行情况，对发生的偏差能迅速采取相应的措施纠正，而不致使偏差扩大、蔓延，所以，这是一种有效的控制方法。管理者所追求的正是有效的自我控制。

三、控制程序

控制程序是指控制工作过程的先后顺序。无论控制方式如何，基本控制程序都包括三个步骤：①确立标准；②根据这些标准衡量执行情况；③纠正实际执行情况与计划的偏差。

（一）确立标准

前面我们谈到计划是控制工作必须依据的标准，因此确立标准，首先要制订计划。只有制订了计划，控制才会有依据。由于不同计划的详尽程度和复杂程度各不相同，管理者不可能注意到每一件与计划相背离的事件，因此除计划外，还应确立具体的标准和规范来加以约束，用来对工作成果进行计量、考核，从而纳入管理的正常体系中，作为管理控制的一种手段。

（二）衡量执行情况

衡量实际执行情况要以标准为依据，最好的办法是使差错在实际发生之前就被发现，并及时采取措施加以纠正。当然，在实际工作中，这一点不一定总能办到。因此，应尽早公开标准和已发生的偏差情况，以便下一步加以纠正。在这里，衡量绩效不是等计划执行完成以后，再将实际执行情况与计划进行比较，而是用计划和各种标准、规范来约束执行，使偏差消失在控制之前。

（三）纠正实际执行情况与计划的偏差

纠正实际执行情况与计划的偏差是控制工作的中心环节，不进行偏差的纠正，控制过程就不能算完成。纠正偏差通常有两种情况：一种是积极偏差的纠正，即偏差是正向的，工作业绩比标准还要好。这种情况下首先需要纠正标准，对以往的标准进行修改，使技术进步成为标准制定的主要依据，其次才是工作努力程度。只有这样的标准，才能反映工作成效，才能成为控制的标准。另一种情况是消极偏差的纠正，即偏差是负向的，也就是工作业绩没有达到标准要求。这种情况下，管理者可以重新制订计划或修改目标来对偏差加以纠正，即纠正标准；也可以运用组织职能，通过明确职责或重新指派人员来加以纠正；还可以通过更好的指导和有效的领导来纠正。以此来看，纠正偏差作为控制过程中的中心环节，与其他管理职能交错重叠在一起。这也正说明了管理的各项职能是统一的，管理过程是一个完整的系统。以上三个环节就构成了控制的三部曲。

第二章 企业财务管理

第一节 企业财务管理概述

财务管理是现代企业管理的重要组成部分。它是市场经济条件下企业最基本的管理活动，市场经济越发展，财务管理越重要。特别是在现代市场经济中，竞争日趋激烈，财务管理已成为企业生存和发展的重要环节，也是提高经济效益的重要途径。要了解什么是财务管理，必须先分析企业的财务活动和财务关系。

一、财务活动

财务活动是指因企业筹资、投资、营运、分配等所产生的一系列与资金收支有关的活动（或称为资金运动）。在商品经济条件下，一切物资都具有一定量的价值，它体现着耗费于物资中的社会必要劳动量。社会再生产过程中物资价值的货币表现，就是资金，资金形态的不断转化、不断循环，形成了资金运动。企业的生产经营过程，一方面表现为实物商品的运动过程，另一方面表现为资金的运动过程，即资金运动。资金运动是企业生产经营过程的价值方面，它以价值形式综合地反映着企业的生产经营过程，构成企业生产经营活动的一个独立方面，这就是企业的财务活动。企业财务活动可分为以下四方面：

（一）企业筹资引起的财务活动

筹资又称融资，是指企业从不同的渠道、利用不同的方式筹措生产经营所需要的资金的行为。占有并能支配一定数额的资金，是企业生存和发展的前提条件，因而筹资也就成为企业的一项最基本的财务活动。企业通过发行股票、发行债券、向银行借款等方式筹集资金，表现为企业资金的流入；企业偿还借款、支付利息、发放股利以及支付各种筹资费用等，则表现为企业资金的流出。这种因为筹集资金而产生的相关资金收支，便是由企业筹资而引起的财务活动。

（二）企业投资引起的财务活动

企业取得资金后，必须将资金投入生产经营过程，以谋求最大的经济利益；否则，筹资就失去了目的和效用。企业将筹集到的资金投放于内部生产经营领域用于购置固定资产、无形资产等，便形成企业的对内投资；企业将筹集到的资金投放于外部金融市场用于购买股票、债券或与其他企业联营等，便形成企业的对外投资。无论企业购买内部所需资产，还是从外部购买各种证券，都需要流出资金；而当企业变卖其对内投资形成的资产或收回其对外投资时，则会产生资金的流入。这种因为投放资金而产生的相关资金收支，便是由企业投资而引起的财务活动。

（三）企业经营引起的财务活动

企业在其日常生产经营过程中，会发生一系列的资金收付。首先，企业要采购材料或商品，以便从事生产和销售活动，同时，还要支付工资和其他营业费用；其次，当企业售出产品或商品后，便可取得销售收入，从而收回资金；最后，如果企业现有资金不能满足日常生产经营的需要，还要利用短期负债方式来筹集所需资金。这种因为企业日常生产经营而产生的相关资金收支，便是由企业经营而引起的财务活动，也称为资金营运活动。严格而言，资金营运活动属于企业的筹资和投资活动，它所强调的是与企业日常生产经营过程有关的筹资和投资活动。

（四）企业分配引起的财务活动

企业自身的生产经营活动会产生利润，企业因对外投资也会分得利润，这表明企业有了资金的增值或取得了投资收益。企业的利润需要按规定的程序进行分配：利润总额要按税法规定缴纳所得税；净利润要提取公积金和公益金，分别用于扩大积累、弥补亏损和改善职工集体福利设施；剩余利润则作为投资者的收益分配给投资者（股份公司为支付股利）或暂时留存企业作为投资者的追加投资（留存收益或保留盈余）。企业的利润无论是分配给投资者还是留存于企业，都会引起相应的资金流出或流入。这种因为利润分配而产生的相关资金收支，便是由企业分配而引起的财务活动。严格而言，净利润的分配属于企业的筹资活动，它所强调的是因企业向所有者筹资而给予的收益回报以及所有者暂时放弃一部分收益而形成企业变相的筹资。应该指出的是，上述财务活动的四方面，不是相互割裂、互不相关的，而是相互联系、相互依存的。正是上述互相联系又有一定区别的四方面，构成了完整的企业财务活动。

二、财务关系

财务关系是指企业在组织财务活动过程中与各有关方面所发生的经济利益关系。企业的筹资活动、投资活动、经营活动、利润分配活动必然导致企业与各方面有着广泛且复杂的经济联系，这就形成了企业的财务关系。企业财务关系可分为以下六方面：

（一）企业与其所有者之间的财务关系

企业与其所有者之间的财务关系主要是指企业的所有者向企业投入资金，企业向其所有者支付投资报酬所形成的经济关系。企业的所有者包括国家、法人单位和个人。所有者要按照投资合同、协议、章程的约定履行出资义务以便及时形成企业的资本。企业利用资本进行营运，实现利润后，应该按照所有者的出资比例或合同、章程的规定，向其所有者支付投资报酬。企业与其所有者均拥有约定的经济权利，并须履行和承担约定的经济责任与义务。企业与其所有者之间的财务关系，体现着所有权的性质，反映着企业所有权和经营权的关系。

（二）企业与其债权人之间的财务关系

企业与其债权人之间的财务关系主要是指企业向债权人借入资金，并按借款合同的规定按时支付利息和归还本金所形成的经济关系。在市场经济条件下，企业除利用所有者提供的资本进行经营外，还要借入一定数量的资金，以便降低融资成本，扩大经营规模。企业的债权人包括贷款机构、本企业所发行的债券的持有者、商业信用提供者、其他出借资金给企业的单位和个人。企业利用债权人提供的资金，要按约定的利息率及时向债权人支付利息；债务到期时，要按约定及时向债权人归还本金。企业与其债权人之间的财务关系，体现着债务与债权关系的性质。

（三）企业与其受资者之间的财务关系

企业与其受资者之间的财务关系主要是指企业以购买股票或直接投资的形式向其他经济组织投资所形成的经济关系。企业的受资者主要指其他企业，随着市场经济的不断发展，企业经营范围和经营规模的不断扩大，这种关系将会越来越广泛。企业向其他企业投资，应按投资合同、协议、章程的约定履行出资义务，并参与被投资企业的经营管理和利润分配。企业与其受资者之间的财务关系，体现着所有权性质的投资与受资的关系。

（四）企业与其债务人之间的财务关系

企业与其债务人之间的财务关系主要是指将其资金以购买债券、提供借款或商业信用等形式出借给其他单位使用所形成的经济关系。企业的债务人包括政府、金融机构、其他企业等。企业将资金借给债务人使用后，有权要求其债务人按约定的条件支付利息和归还本金。企业与其债务人之间的财务关系，体现着债权与债务关系的性质。

（五）企业内部的财务关系

企业内部的财务关系主要是指企业内部各单位（供产销各部门、各分公司、各生产车间、各分店等）之间在生产经营各环节中相互提供产品或劳务，以及企业向其员工支付劳动报酬所形成的经济关系。在企业实行内部经济核算制和内部经营责任制的条件下，企业生产经营过程中的各环节、各部门之间相互提供的劳务和产品也要计价结算，形成内部的资金结算关系。企业要按照劳动合同或协议，根据员工的劳动情况，向其支付工资、津贴和奖金等，形成企业与其员工之间的薪酬结算关系。企业内部的财务关系，体现着企业内部责、权、利关系的性质。

（六）企业与社会行政事务组织之间的财务关系

企业既是一个经济组织，也是一个社会组织，必然与社会行政事务组织发生各种经济关系。社会行政事务组织包括工商管理机构、税务机构、行业业务主管机构等。企业在其生产经营活动中，占用了各种社会资源，就需要接受社会行政事务组织的管理与监督，就需要以缴纳税款、管理费、行政罚金等方式履行对社会应尽的各种责任与义务。税务机构是与企业相关的社会行政事务组织的典型代表，企业必须按照税法规定向中央和地方政府缴纳各种税款，如所得税、流转税、资源税、财产税、行为税等。企业与税务机构之间的财务关系，体现着强制和无偿的分配关系的性质。

上述各个方面的财务关系伴随着企业财务活动的发生而发生。企业在组织财务活动的同时，也在处理着相应的财务关系。企业只有处理好各种财务关系，才会使企业的各项财务活动顺利开展，实现企业的财务目标。

三、财务管理的含义及特征

（一）财务管理的含义

财务管理是基于企业再生产过程中客观存在的财务活动和财务关系而产生的，是组织企业财务活动、处理企业财务关系的一项经济管理工作，是企业管理的重要组成部分。具体来说，财务管理是以价值形式对企业的生产经营活动进行综合管理，它利用资金、成本费用、收入利润等价值形式来反映企业经济活动中的劳动占用量、劳动消耗量和劳动成果，进而反映出企业经济效益的好坏。财务管理中的各项价值指标，为企业提供了全面、系统的经济信息，是企业经营决策的重要依据；通过加强财务管理工作，企业可以合理筹集资金，有效使用资金，以尽可能少的占用、消耗取得尽可能多的生产经营成果，以实现提高经济效益这一财务管理的最终目标。

（二）财务管理的特征

1. 财务管理是一种价值管理

企业生产经营活动的复杂性，决定了企业管理必须包括多个方面的内容，如生产管理、技术管理、物资管理、人力资源管理、销售管理、财务管理等。各项管理工作是相互联系、紧密配合的，同时又有科学的分工，具有各自的特点。财务管理的对象是企业的资金及其运动，它利用收入、成本、利润、资产、负债、权益、现金流量等价值指标，来组织企业生产经营中价值的形成、实现和分配，并处理这种价值运动中的各种经济利益关系。所以，财务管理区别于企业其他管理的最大特点是它是一种价值管理。

2. 财务管理是一种综合管理

商品的二重性决定了市场经济下的经济要素都是使用价值和价值的统一体，企业生产经营过程也表现为使用价值的生产和交换过程及价值的形成和实现过程的统一。由于财务管理是一种价值管理，使之又具有综合管理的特征。即使企业管理中存在着侧重点不同的各种管理职能，但它们的管理效果和业绩都可以通过资金运动的状况反映出来；而且，市场经济环境也要求企业各项职能管理的效果和业绩最终统一于相应的价值指标上。所以，财务管理在企业管理中属于一种综合性的管理，并对其他职能管理起着导向作用。

3. 财务管理是一种行为规范管理

经济学的方法就是研究稀缺性的资源如何达到最佳配置的方法。在经济资源进行优化配置时，必然要涉及各个经济利益主体的行为及其相互关系问题。财务管理则以企业财务活动为对象、以财务关系为角度、以制度约束为特征，处理企业内部各行为主体、企业与外部各利益相关集团之间的利益矛盾与协调问题，从而以管理制度的方式来规范财务行为主体的权、责、利关系，提高企业经济资源的综合配置效率。同时，财务管理也是一门艺术，体现着管理者的智慧和才华。

四、财务管理的内容

从资金运动角度来看，财务管理内容包括如下几个方面：

（一）资金的筹集

资金筹集是企业财务管理的起点。企业作为从事生产经营的经济组织，必须拥有一定数量的资金。这些资金的来源主要包括两个部分：一是投资者投入的资本金以及资本公积金和留存收益；二是企业的负债，包括长期负债和流动负债。

（二）资金的运用

企业资金的运用，包括资金的投放、占用和耗费。企业用筹集来的资金购建生产经营所需的房屋、建筑物、设备、材料以及技术投资，同时支付生产经营中的各种费用。企业资金经过投放和占用，形成了企业的各项资产。如企业的流动资产、企业的长期投资、企业的固定资产、企业的无形资产，以及企业递延资产和其他资产等。资金耗费是指企业在生产经营过程中所发生的以价值形式表现的消费。具体表现为产品的制造成本，企业的销售费用、管理费用和财务费用等。

（三）资金的回收与分配

企业筹集和运用资金的目的是取得理想的营业收入，即所取得的收入不仅能补偿生产经营中资金的耗费，还能带来营业利润。

营业收入是指企业将生产的产品或购入的商品进行销售、移交已完工程或提供劳务等收回的货币。企业取得营业收入，使资金完成了从货币形态开始，经过形态变化，又回到货币形态这一资金循环。这一循环过程，称为资金周转。资金回收就是资金运动的重要环节。营业利润是企业的营业收入扣除成本、费用和各种流转税及附加税费后的数额，包括产品（商品）销售利润和其他业务利润。企业的营业利润加上投资净收益，再加（减）营业外收支净额，就是企业的利润总额。企业的利润要按有关规定在国家、企业、投资者之间进行分配。

五、财务管理的原则和任务

在市场经济条件下，工商企业面临着益广泛的资金运动和复杂的财务关系，这就需要企业财务管理人员正确地、科学地加以组织和处理。财务管理原则就是组织调节资金运动和协调处理财务关系的基本准则。在企业财务管理工作中应遵循以下原则：

（一）资本金保全原则

资本金保全原则是指企业要确保投资者投入企业资本金的完整，确保所有者的权益。企业资本金是企业进行生产经营活动的本钱，是所有者权益的基本部分。企业的经营者可以自主使用投资者依法投资的任何财产，有责任使这些财产在生产经营中充分得到利用，实现其保值和增值。投资者在生产经营期间，除在相应条件和程序下依法转让资本金外，一般不得抽回投资。

（二）价值最大化原则

企业财务管理的目标是使资产所有者的财富最大化。在企业财务管理中贯彻价值最大化原则应贯彻到财务管理工作的各个环节中。

在筹资决策阶段，要根据这一原则，对各种筹资渠道进行分析、比较，选择资金成本最低、风险最小的筹资方案。

在进行投资决策时，也要贯彻这一原则，在长期投资和短期投资之间进行选择。短期投资有利于提高企业的变现能力和偿债能力，能减少风险；长期投资会给企业带来高于短期投资的回报，但风险较大。通过对不同投资项目进行可行性研究，选择一个收益最大的方案。

（三）风险与所得均衡原则

在市场经济条件下，企业的生产经营活动具有不确定性，企业的生产量、销售量都将随着市场需求的变化而变化。因此，企业生产经营的风险是不可避免的，其资金的筹措、运用和分配的风险也是客观存在的，所以财务管理人员应意识到风险，并通过科学的方法预测各种生产经营活动及资金筹集、运用和分配方案风险的大小。风险越大，其预期收益越高；风险越小，其预期收益越低。要做到风险与收益的平衡。

（四）资金合理配置原则

资金的合理配置是由资源的有限性和企业追求价值最大化所决定的。在企业财务管理中贯彻这一原则体现在合理配置资金，即在筹集资金时，要考虑资产负债的比例（负债总额比全部资产总额），做到既能举债经营，提高资金利润率，又能防止举债过多，加大企业财务风险；在资金运用时，要考虑资产结构，即各类资产在全部资产总额中所占比重，防止出现某类资产占用过多，而另一类资产却占用不足的情况。企业要把有限的资金用在刀刃上，并经常考核其资金配置结构的合理性和有效性。

（五）成本－效益原则

企业在生产经营过程中，为了取得收入，必然会发生相应的成本费用。如筹资会发生资金成本；生产产品会有直接材料、直接人工、制造费用的支出；销售商品会有商品购进成本和经营费用支出；从事生产经营管理工作，会发生管理费用；等等。在收入一定的情况下，成本费用越多，企业利润越少。因此，降低成本费用是企业提高经济效益，增加利润的有效途径。但是，企业的收入随着成本的增大而增大，随着成本的减少而减少，此时按成本－效益原则分析，在充分考核成本的基础上，如收入的增量大于成本的增量，则提高企业的效益；反之则使企业的效益下降。企业财务管理的基本任务是：做好各项财务收支的计划、控制、核算、分析和考核工作，依法合理筹集资金，有效利用企业各项资产，努力提高经济效益。

第二节 资金的筹集与筹资结构优化

一、资金的筹集

企业资金的筹集是资金循环周转的起点，也是企业财务管理的首要问题。在企业整个资金筹集过程中，要先预测、衡量企业各项资金的需要量；然后，要确定相应的筹资渠道和方式。企业资金来源从大类上可以分为所有者权益和负债两大类，包括企业资本金、资本公积金、留存收益、企业负债四方面。

（一）企业资本金

企业资本金是指企业在工商行政管理机关登记的注册资金，即企业开办时的本钱。对股份制企业而言，资本金就是股本。资本金按照投资主体分为国家资本金、法人资本金、个人资本金及外商资本金。企业筹集资本金的方式可以是多种多样的，既可以吸收货币资金的投资，又可以吸收实物、无形资产等形式的投资，企业还可以发行股票来筹集资本金。发行股票筹集资本金是股份公司最常用的一种融资手段。股票是股份公司为筹集资本金而发行的。股票是持股人拥有公司股份的入股凭证，它代表股份企业的所有权，股票持有者即为股东。股份公司发行股票筹资是一种很有弹性的筹资方式，股票无到期日，公司无须为偿还资金担心，而且，当公司经营不佳或资金短缺时，可以不发股息和红利。因此，发行股票筹资风险低。但是，由于投资者承担的风险较大，只有当股票的报酬高于债券的利息收入时，他们才愿意投资股票，加之股息和红利要在税后利润中支付，使股票的筹资成本大大高于债券成本。另外，增发普通股会降低原有股东的控制权。

（二）资本公积金

资本公积金是一种资本储备形式，或者说是一种准资本，可以按照法定程序转化为资本金，是所有者权益的构成之一。其主要来源包括如下几个方面：

①股票溢价。股份公司以发行股票的方式筹集资本金，其股票发行价格与股票面值可能一致，也可能不一致。按超出股票面值的价格发行，为溢价发行；按低于股票面值的价格发行，为折价发行；按与股票面值相同的价格发行，为面值发行。企业如果溢价发行股票，其取得的收入，相当于股票面值的部分作为资本金；超出面值的部分在扣除发行股票所支付的佣金、手续费等支出后，即股票溢价净收入作为资本公积金。②法定资产重估增值。按照国家法律、法规进行资产重估，其重估价值大于账面净值的差额，作为资本公积金。③企业接受捐赠的财产。企业接受捐赠，是指捐赠方给企业的一种无偿赠予，不同于接受投资，其应作为资本公积金。

（三）留存收益

留存收益是企业生产经营活动所取得净收益的积累。它是所有者权益的一个组成部分，也是企业的一个重要资金来源。留存收益一般包括如下几个方面：

①盈余公积金。盈余公积金是企业按照规定从税后利润中提取的积累资金。盈余公积金可以按照法定程序转增资本金，也可以用于弥补企业以前年度亏损，还可以按规定用于分配股利。②公益金。公益金是企业按规定从税后利润中提取的专门用于企业职工集体福利设施的准备金。③未分配利润。未分配利润是企业实际利润和已分配利润的差额，在分配前形成企业资金的一项来源。

（四）企业负债

企业负债是指企业承担的能够以货币计量，并需要以资产或劳务偿付的债务。在市场经济条件下，企业借入资金是企业筹集资金的重要方式。企业负债一般按其偿还期限的长短分为流动负债和长期负债。

①流动负债。流动负债是指可在一年或超过一年的一个营业周期内偿还的债务，包括短期借款、应付票据、应付账款、预收货款、应付工资、应交税金、应付利润、其他应付款、预提费用等。②长期负债。长期负债是指偿还期限在一年或超过一年的一个营业周期

以上的债务，包括长期借款、应付债券、长期应付款等。

二、资金成本与筹资结构优化分析

（一）资金成本

资金成本是指企业为筹措和使用资金而付出的代价，包括筹资过程中发生的筹资费用和用资过程中支付的报酬。前者如股票、债券的发行费用，后者如利息、股利等，这是资金成本的主要内容。资金成本分为短期资金成本和长期资金成本。长期资金成本通常称为资本成本，它是企业资金成本问题研究的重点。资金成本通常用相对数来表示，即支付的报酬与获得的资金之间的比率。根据不同情况，资金成本可以有不同的表现形式，如银行借款资金成本率、债券资金成本率、股票资金成本率等。

（二）筹资结构优化分析

最佳的资本结构，是企业在一定时期使其综合资本成本最低，同时企业价值最大的资本结构。筹资结构优化分析就是指针对不同资金来源的筹资方案，实现最优的组合，以期选出经济合理、效益最好的方案，也就是说从筹资结构的总体上，使总资金成本最低。一般地说，有如下两种情况：①各项资金成本率已定，但资金来源比例未定；②各项资金成本率未定，但资金来源比例已定。

第三节　资金运用管理

企业资金从占用形态上看，可以分为流动资金和固定资金两种基本形态。为了使企业的资金发挥最大的效力，应针对流动资金和固定资金的特点实施有效管理。

一、流动资金管理

（一）流动资金的概念

流动资金是流动资产的货币表现，又称营运资金。具体地说，流动资金就是垫支在材料、能源、备品备件和低值易耗品，并准备用于支付工资和其他费用方面的资金。

（二）流动资金的形态

流动资金在周转中表现为储备资金、生产资金、成品资金、货币资金、结算资金等占用形态。它的价值周转是一次性全部地进行的，经过一个生产周期就完成一次循环。资金的瞬间占用与周而复始的循环相结合是流动资金的主要特点。

（三）流动资金管理

流动资金管理的基本任务就是保证生产经营所需资金得到正常供给，并在此基础上减少资金占用，加速资金周转。其主要内容如下：

1. 货币资金管理

货币资金包括库存现金和银行存款，控制流动资金首先要从货币资金开始。货币资金管理的目的就是：要求有效地保证企业能够随时有资金可以利用，并从闲置的资金中得到最大的利息收入。货币资金管理的内容主要有以下几个方面：

①编制现金预算或现金收支计划，以便合理地估计未来的现金需求。②对日常的现金收支进行控制，力求加速收款，延缓付款。③用特定的方法确定理想的现金余额。当企业实际现金余额与理想余额不一致时，采用短期融资策略或采用归还借款和投资于有价证券等策略达到理想状况。

2. 应收账款管理

应收账款是指企业因销售产品、材料和供应劳务等，应向购货单位收取的账款。随着市场经济发展，商业信用的推行，企业应收账款数额明显增多，因而应收账款已成为流动资金管理中一个日益重要的问题。

企业进行应收账款管理的基本目标：就是在充分发挥应收账款增加销售、减少存货功能的基础上，降低应收账款投资的成本，使提供商业信用、扩大销售所增加的收益大于有关的各项费用。

3. 存货管理

存货是指企业在生产经营过程中为销售或者耗用而储备的物资。存货管理的目的是以最低的存货成本提供维持企业生产经营所需的物资。

加强存货管理需要做到以下几个方面：一要建立和健全存货的检验、收发、领退、保管的清查盘点制度，保证存货的安全完整；二要合理确定存货量，节约使用资金；三要提升存货的利用效果，加速存货周转。

二、固定资金管理

（一）固定资产的概念

固定资金是固定资产的货币表现。固定资产是指使用期限超过一年，单位价值在规定标准以上，并在使用过程中保持原有物质形态的资产。固定资产包括机器设备、厂房建筑物、运输工具等。

（二）固定资产的分类

①按固定资产经济用途：固定资产可分为生产用固定资产和非生产用固定资产；②按

使用情况：固定资产可分为使用中固定资产、未使用固定资产和不须用固定资产；③按所属关系：固定资产可分为企业自有固定资产和租入固定资产。

（三）固定资产管理

①应根据企业生产任务、经营规模、生产经营发展方向，正确测定固定资产需要量，合理配置固定资产。②正确计提折旧，及时补偿固定资产损耗价值。固定资产的损耗包括有形损耗和无形损耗两种类型。有形损耗提取的折旧是在物质寿命期限内的直线折旧，其特点是折旧时间长（大约为物质寿命），在折旧年限内平均计提。无形损耗是由于劳动生产率提高或技术进步，固定资产由更先进、更便宜的设备所取代而引起的价值磨损，提取的折旧是在技术寿命期限内的快速折旧。③做好固定资产投资（包括基本建设投资和更新改造投资）预测与决策，提高投资效益。与流动资产相比，固定资产具有投资数量大、投资回收期长、投资影响大等特点。为了获得固定资产投资的最佳经济效果，要在投资项目落实之前，论证投资项目技术上的可行性、先进性和经济上的合理性、效益性，通过比较，选择最佳方案。④加强固定资产综合管理，提升固定资产的利用效果。在进行固定资产价值核算的同时，还要进行固定资产的实物管理。企业财务部门应与固定资产管理部门和使用部门相配合，严密组织固定资产的收发、保管工作，正确、及时、全面地反映各项固定资产的增减变化，定期进行实物清查，以保证固定资产完整无缺；加强固定资产的维护、修理工作，使之处于良好的技术状态并在使用中充分发挥作用，从而提升固定资产的利用效果。

此外，无形资产也是企业的一项重要经济资源。所谓无形资产又称无形固定资产，它是指企业长期使用的，具有一定价值，但不具有实物形态的资产。它一般包括专利权、商标权、著作权、非专利技术、土地使用权、商誉等。

第四节 成本和利润管理

一、成本管理

（一）成本的概念

产品成本是指企业在一定时期内为生产和销售一定的产品而发生的全部费用的总和。从财务管理与分析的角度讲，产品成本也是企业在一定时期内为生产和销售一定的产品所发生的资金耗费量。企业生产经营中发生的全部费用可分为制造成本和期间费用两大类。

广义的产品成本包括制造成本和期间费用,狭义的产品成本则是指制造成本。

（二）成本的构成

1. 产品制造成本

制造成本是工业企业生产过程中实际消耗的直接材料、直接工资、其他直接支出和制造费用。它包括以下方面：

①直接材料。直接材料包括企业生产经营过程中实际消耗的原材料、辅助材料备品配件、外购半成品、燃料、动力、包装物以及其他直接材料等。②直接工资。直接工资包括企业直接从事产品生产人员的工资、奖金、津贴和补贴等。③其他直接支出。其他直接支出是指直接从事产品生产人员的职工福利费等。④制造费用。制造费用是企业在生产车间范围内为生产产品和提供劳务而发生的各项间接费用，包括车间管理人员工资费、折旧费、修理费、办公费、水电费、物质消耗费、劳动保护费、季节性及修理期间的停工损失等。直接费用直接计入制造成本，间接费用则需要按一定的标准分配计入制造成本。

2. 期间费用

期间费用是企业为组织生产经营活动发生的、不能直接归属于某种产品的费用。它包括管理费用、财务费用和销售费用。

①管理费用。管理费用指企业行政管理部门为组织和管理生产经营活动而发生的各项费用，包括工资和福利费、工会经费、职工教育经费、劳动保险费、待业保险费、研究开发费、业务招待费、房产税、土地使用税、技术转让费、技术开发费、无形资产摊销、无形损失等。②财务费用。财务费用是指企业为筹集资金而发生的各项费用，包括利息支出、汇兑净损失、金融机构手续费以及为筹资发生的其他费用。③销售费用。销售费用是指企业在销售产品、自制半成品和提供劳务等过程中发生的各项费用以及专设销售机构的各项经费，包括应由企业负担的运输费、装卸费、包装费、保险费、展览费、广告费、销售服务费用、销售部门人员工资、职工福利费和其他经费等。费用直接计入当期损益，从当期收入中抵消。

（三）成本管理

成本管理就是对企业的成本费用进行预测、计划、控制、核算、分析与考核，并采取降低成本费用措施等管理工作。

成本预测是成本管理的起点。成本预测就是通过对企业成本的形成进行事先的估计和预测，并与国内外、行业内外、企业内外进行对比分析，从而确定出企业的成本目标、成本降低目标以及相关的保证条件。成本预测既是成本控制的目标，又是成本分析与考核的依据。

成本控制是从技术、生产、经营各个角度对产品成本的形成过程，采用一定的标准进行经常的监督，发现问题，及时采取措施，对产品成本进行全面管理，以达到降低成本、求得最佳经济效益的目的。首先，对材料成本控制，应严格执行材料消耗定额，实行限额领料制度，降低采购成本，并做好修旧利废工作。其次，对工资成本控制，应充分利用工时，控制工作时间，提高劳动生产率。再次，对制造费用控制，应编制弹性预算，采取费用包干，归口负责。最后，对期间费用控制，正确确定费用开支范围以及各项目的开支标准，对实际支出和耗费的各项费用进行计量、监督和限制，使其数额与预定的经营目标相一致。

成本分析是根据成本核算资料及其他有关资料，全面分析了解成本费用变动情况，系统研究影响成本费用升降的各种因素及其形成原因，挖掘企业内部潜力，寻找降低成本费用的途径。

二、利润管理

利润是企业在一定时期内生产经营活动的最终财务成果，是企业生产经营活动的效率和效益的最终体现。企业的利润主要是指利润总额和净利润。

（一）利润总额的构成

企业的利润总额包括营业利润、投资净收益、补贴收入和营业外收支净额四大部分。其计算公式为：

利润总额＝营业利润＋投资净收益＋补贴收入＋营业外收入＋营业外支出

其中：营业利润＝产品销售利润＋其他业务利润－管理费用－财务费用＝产品销售净收入－产品销售成本－产品销售费用－产品销售税金及附加。

①产品销售利润。产品销售利润即工业企业的主营业务利润，受产品销售收入、产品销售成本、产品销售税金及附加、产品销售费用制约。②其他业务利润。其他业务利润即企业从事基本生产经营活动以外的其他经营活动所取得的利润。在工业企业中，它包括材料出售、固定资产出租、包装物出租、外购商品销售、无形资产转让、提供非工业性劳务等取得的利润，由其他销售收入扣除其他销售成本、其他销售税金及附加后形成。③投资净收益。投资净收益即企业对外投资取得的收益减去对外投资损失后的余额。④补贴收入。补贴收入是指企业收到的各种补贴收入，包括国家拨入的亏损补贴、减免增值税转入等。⑤营业外收入。营业外收入即固定资产盘盈净收入、出售固定资产净收益、对方违约的罚款收入、教育费附加返还款，以及因债权人原因确实无法支付的应付款项等。⑥营业外支出。营业外支出包括固定资产盘亏、报废、毁损和出售的净损失，非季节性的非大修理期间的停工损失、非常损失、公益救济性捐赠、赔偿金、违约金等。

（二）净利润的形成

净利润又称税后利润，是指企业缴纳所得税后形成的利润，是企业进行利润分配的依据。其计算公式为：净利润＝利润总额－应交所得税。

（三）利润分配

企业实现的利润总额要在国家、企业所有者和企业法人之间分配，形成国家的所得税收入，分给投资者的利润和企业的留用利润（包括盈余公积金、公益金和未分配利润）等不同项目。企业缴纳所得税后利润分配顺序为：

①用于抵补被没收财产损失，支付各项税收的滞纳金和罚款；②弥补以前年度亏损；③按税后利润扣除前两项后的 10% 提取法定盈余公积金；④提取公益金；⑤向投资者分配利润，以前年度未分配利润可以并入本年度分配。

第五节　企业经济效益分析与评价

一、经济效益的内涵

经济效益就是经济活动中产出与投入之间的比例关系。换句话说，经济效益就是要以尽量少的劳动消耗和资源占用，取得更多的符合社会需要的有用成果。

①劳动消耗。劳动消耗包括物化劳动消耗和活劳动消耗。物化劳动消耗是指经济活动中实际消耗的燃料、原材料，机器设备的磨损，等等。活劳动消耗是指在劳动力使用过程中，脑力劳动和体力劳动消耗的总和。②资源占用。资源占用是指生产过程中所占用的人力、物力、财力等各种资源，主要是物化劳动的占用，如使用的房屋、机器设备以及为保证劳动正常进行所需要的其他劳动条件和必要的物资储备。资源占用还包括占用的人力、占用的土地和自然资源等。③有用成果。在物质生产部门，有用成果表现为符合社会需求的各种产品和劳务。

二、企业经济效益评价的标准

评价企业经济效益的标准有质和量的规定性。所谓质的规定性，是指企业生产的产品要适销对路，满足社会需要。所谓量的规定性，有以下五种评价标准：

①企业现实指标与上一年同期实际水平相比较；②与本企业历史最高水平相比较；③与同行业的平均水平相比较；④与同行业的先进水平相比较；⑤与国际同行业先进水平相比较。

上述五种评价标准由低到高一共五个档次，在实际工作中应结合起来进行评价。

三、企业经济效益评价的指标

企业经济效益的评价指标有三类，即生产经营成果指标、消耗及消耗效果指标、资金占用及占用效果指标。每一类指标又包括若干具体的绝对指标与相对指标。

①生产经营成果指标。生产经营成果指标包括资产报酬率、所有者权益报酬率、销售

利税率、销售收入及其增长率、税前利润及其增长率、税金及其增长率、人均销售收入及其增长率、人均税前利润及其增长率、人均税金及其增长率。②消耗及消耗效果指标。消耗及消耗效果指标包括销售利税率、成本利润率、单位产品成本、单位产品人工成本率、单位产品材料成本率、单位产品费用成本率等。③资金占用及占用效果指标。资金占用及占用效果指标包括总资产周转率、固定资产周转率、流动资产周转率、资产报酬率、存货周转率和应收账款周转率等。

四、企业经济效益综合分析

分析企业经济效益可以从企业收益性、成长性、流动性、安全性及生产性五方面进行。

（一）收益性比率

收益性指标主要是反映企业的获利状况和获利能力的指标，它也是一个全面反映与评价企业经营状况的综合性指标。其主要指标有以下几个：

（1）销售利税率

销售利税率是用来衡量企业销售收入的收益水平的。其计算公式为：

销售利税率＝利润总额／销售净收入 ×100%

（2）资产报酬率

资产报酬率又称资产收益率或投资报酬率，是指企业运用全部资产的收益率，反映企业对所有经济资源的运用效率。其计算公式为：

资产报酬率＝净利润／资产总额 ×100%

在市场经济比较发达，各行业间竞争比较充分的情况下，各行业的资产报酬率将趋于一致。如果某些企业资产报酬率偏低，说明该企业资产利用效率较低，经营管理存在问题，应调整经营方针，加强经营管理。

（3）所有者权益报酬率

所有者权益报酬率简称权益报酬率，该指标用来反映企业投入资本每一元所赚取的净收益。其计算公式为：

所有者权益报酬率＝净利润／所有者权益 ×100%

（4）毛利率

毛利率是企业的毛利与净销售收入的比率。其计算公式为：

毛利率＝毛利／净销售收入 ×100%

式中：毛利是企业净销售收入与销售成本的差额，没有扣除三个期间费用。毛利率越大，说明在净销售收入中销售成本所占比重越小，企业通过销售获取利润的能力越强。

（5）净利润率

净利润率也称销售利润率或销售净利率，是净利润与净销售收入的比率。其计算公式为：

净利润率＝净利润／销售净收入×100%

净利润率表明企业每一元销售收入可实现的净利润是多少。净利润率越高，说明企业的获利能力越强。

（6）成本费用利润率

成本费用利润率是企业利润总额与成本费用总额的比率。其计算公式为：

成本费用利润率＝利润总额／成本费用总额×100%

成本费用是企业为了取得利润而付出的代价。成本费用利润率越高，说明企业为获取收益而付出的代价越小，企业的获利能力越强。因此，通过这个比率不仅可以评价企业获利能力的高低，也可以评价企业对成本费用的控制能力和经营管理水平。

（7）每股利润

每股利润也称每股收益，主要是针对普通股股东而言的。每股利润是指股份公司发行在外的普通股每股所取得的利润，它可以反映股份公司获利能力的大小。其计算公式为：

普通股每股利润＝（净利润－优先股股利）／普通股发行在外股数

（8）每股股利

每股股利又称每股股息，是指普通股每股获得的现金股利。其计算公式为：

每股股利＝支付普通股的现金股利／普通股发行在外股数

（9）股利发放率

股利发放率是每股股利与每股利润的比率，表明股份公司在净收益中有多少用于股利的分派。其计算公式为：

股利发放率＝每股股利／每股利润×100%

（10）股利报酬率

股利报酬率是普通股每股股利与每股市价的比率，可以反映股票投资在股利方面所获得的报酬。其计算公式为：

股利报酬率＝每股股利／每股市价×100%

（11）市盈率

市盈率又称价格盈余率或价格与收益比率，是指普通股每股市价与每股利润的比率。其计算公式为：

市盈率＝普通股每股市场价格／普通股每股利润

市盈率是反映股份公司获利情况的一个重要财务比率，无论是企业管理当局，还是投资者都对这个比率十分关心。

（二）流动性比率

分析企业流动性指标的目的在于观察企业在一定时期内资金周转状况，是对企业资金活动的效率分析，为此要计算出各种资产的周转率或周转期，分别讨论其运用效率。

（三）安全性比率

安全性指的是企业经营的安全程度，或者说是资金调度的安全性。分析企业安全性指标的目的在于观察企业在一定时期内的偿债能力状况。企业收益性好，安全性也高，但在有的情况下，收益性高，资金调度却不顺利。

（四）成长性比率

分析企业成长性指标的目的在于观察企业在一定时期内经营能力发展的状况。一个企业即使收益性高，但如果成长性不好，也不能做出很高的评价。成长性分析就是从量和质的角度评价企业发展情况及将来的发展趋势。

（五）生产性比率

分析企业生产性指标的目的在于要查明企业在一定时期内企业人均生产经营能力、生产经营水平和生产成果的分配问题。

第三章　企业营销管理

第一节　市场营销概述

市场营销是指导生产以及联系生产和消费的一系列经济活动，不仅包括生产过程之前的具体经济活动，如市场调研、市场细分、选择目标市场、产品开发等，还包括生产过程完成之后的一系列具体的经济活动，如制定价格、选择分销渠道、促进销售等。可见，市场营销远远超出商品流通范围且涉及包括生产、分配、交换和消费在内的资本总循环过程。

市场营销已是一门独立学科。从19世纪末到20世纪初，各主要资本主义国家先后完成了工业革命，科学技术的进步推动了生产规模和市场规模的日益扩大，同时也加剧了资本主义的基本矛盾。这一矛盾表现在市场上，一方面是资本主义生产的高速发展，市场供给和生产能力大规模增加；另一方面是相对缩小的国内市场和国际市场。面对市场上积存产品的不断增加和有效需求的不断减少，资本主义企业不得不关心自己产品的销路，为产品寻求销售市场。在这种情况下，市场营销问题成了资本主义企业经营的首要问题。同时，国外一些经济学家着重于从理论上研究市场营销问题，出版了有关推销、广告、定价、包装业务、产品设计等论著，继而逐步形成了市场营销学的雏形。此后，市场营销学被广泛应用于流通领域。

一、市场营销演变阶段

市场营销观念是企业进行营销管理时的指导思想和行为准则，也是一门商业哲学。任何一种营销观念，都是特定历史条件下的产物，随着企业营销实践的发展而发展，随着市场营销环境的变化而变化。而一定的营销观念一旦产生，必然反过来作用于企业的营销管理。因此，企业市场营销观念是否符合形势，对企业经营的成败至关重要。从国外市场营销的发展历史来看，市场营销观念的演变经历了四个阶段：

（一）生产观念

生产观念就是"能生产什么，就卖什么"的"以产定销"观念，是社会产品供不应求条件下的一种营销观念。由于产品供不应求，销售不成问题，企业获利的唯一途径是增加产量、提高质量和降低成本,以物美价廉的产品供应市场。在生产观念的指导下,企业把精力集中在生产管理上,根本不过问或很少过问市场需求情况。

(二)推销观念

推销观念又称销售观念。这种观念认为,在产品销售过程中,如果顺其自然的话,消费者通常不会大量购买某一企业的产品,而表现出一种购买惰性或抗衡心理。企业应积极推销和进行大量的促销活动,千方百计地使消费者对企业产品产生兴趣,劝说他们多购买。这是社会上许多产品在供过于求条件下的一种营销理论,其重点仍然是产品而不是消费者,仍存在一定的局限性。特别是当产品供给非常丰富时,不符合消费者需要的产品无论如何都难以推销出去。

(三)市场营销观念

市场营销观念就是"消费者需要什么,就生产什么"的"以销定产"观念,是社会产品进一步供过于求,整个资本主义市场由卖方市场转变为买方市场条件下的一种营销理论。这种营销观念产生于 20 世纪 60 年代。

第二次世界大战后,随着科学技术的发展,市场上产品供给日益丰富,消费需求瞬息万变,市场竞争不断加剧。在这种情况下,如果企业生产经营不以消费者为中心,企业就无法生存,更谈不上什么发展。市场营销观念的产生是营销观念的一次"革命",这一"革命"要求企业把生产经营的重点从产品转移到消费者身上。

(四)社会营销观念

20 世纪 80 年代以后,人们从市场营销实践中发现,市场营销观念也存在不足,它回避了消费者需求的满足同整个社会眼前利益和长远利益的矛盾。实践证明,一味满足消费者的需要也会产生一些消极后果,造成社会性问题,如资源浪费、环境污染等。因此,社会营销观念认为,企业市场营销管理的指导思想不应仅仅是满足消费者的需要和欲望,而且要同时照顾到社会的当前和长远利益。

以上四种营销观念,归纳起来又可分为两类:一类是传统营销,包括生产观念和推销观念,其共同特征是以生产者为导向,以产品为中心,以产定销,作用于卖方市场;另一类是现代营销观念,包括市场营销观念和社会营销观念,其共同特征是以消费者为导向,以消费者需要为中心,以销定产,作用于买方市场。

二、市场营销组合

市场营销组合的定义是综合运用企业可以控制的营销手段,对它们实行最优组合,以取得最佳市场营销效果。市场营销组合是企业为了满足目标市场的需要而加以组合的可控制变量,这些可控制变量很多,可概括为四大基本类型,简称为 4P。

（一）产品（Product）

产品是指企业提供给目标市场的产品和服务的集合体，它包括产品的效用、质量、外观、式样、品牌、包装、规格、服务和保证等。

（二）价格（Price）

价格是指企业出售产品和服务的经济回报，包括价目表所列的价格、折扣、折让、支付方式、支付期限和信用条件等，通常也称为定价。

（三）地点（Place）

地点是指企业使其产品可进入和达到目标市场所进行的各种活动，包括商品流通的途径、环节、场所、仓储和运输等，通常也称为分销（或渠道）或分销渠道。

（四）促销（Promotion）

促销是指企业利用各种信息载体与目标市场进行的多元活动，它包括广告、人员推销、营业推广、公共关系等。

产品、价格、地点和促销是企业市场营销可以控制的四大因素，它们相互联系、相互制约、相互影响。在开展市场营销活动时，不仅要对四大因素进行综合考虑、优化组合，还要做好次级组合的决策，这样企业目标才能实现，并且产生最佳的营销效果。

市场营销组合是现代营销管理理论的重要概念之一，它同市场营销观念同等重要。市场营销观念解决企业如何看待市场、看待消费者的问题；市场营销组合解决的是满足市场需要的手段问题，通过对企业可控制因素的有效运用，企业才能真正满足消费者需要，实现其经营目标。

第二节　市场营销机会分析

一、市场营销环境分析

（一）微观环境分析

微观环境是指对企业服务其顾客的能力构成直接影响的各种力量，包括企业本身及其市场营销渠道企业、市场、竞争者和其他社会公众，这些都会影响企业为其目标市场服务的能力。

1. 企业

企业本身包括市场营销管理部门、其他职能部门和最高管理层。企业为实现其目标，必须进行制造、采购、研究与开发、财务、市场营销等业务活动。市场营销部门在制定决策时，不仅要考虑到企业外部环境力量，而且要考虑企业内部环境力量。市场营销部门首先要考虑其他业务部门的情况，并与之密切协作，共同研究制订年度和长期计划；其次要考虑最高管理层的意图，以最高管理层制定的企业任务、目标、战略和政策等为依据，制订市场营销计划，并报最高管理层批准后执行。

2. 市场营销渠道企业

市场营销渠道企业包括：①供应商；②商人中间商；③代理中间商；④辅助商。在现代市场经济条件下，生产企业一般都通过市场营销中介机构（代理中间商、商人中间商、辅助商等）来进行市场营销研究、推销产品、储存产品、运输产品等，因为这样分工比较经济。

3. 市场

市场是根据购买者及其购买目的进行划分的。具体包括：①消费者市场；②生产者市场；③中间商市场；④政府市场；⑤国际市场。

4. 竞争者

企业要想在市场竞争中获得成功，就必须能比竞争者更有效地满足消费者的需要与欲望。因此，企业所要做的并非仅仅是迎合目标消费者的需要，而是要通过有效的产品定位，使得企业产品与竞争者产品在消费者心目中形成明显差异，从而取得竞争优势。而竞争者包括：①愿望竞争者；②一般竞争者；③产品形式竞争者；④品牌竞争者。

5. 公众

公众是指对企业实现其市场营销目标构成实际或潜在影响的任何团体，包括：①金融公众；②媒体公众；③政府公众；④市民公众；⑤地方公众；⑥一般群众；⑦企业内部公众。

（二）宏观环境分析

微观环境中所有的因素都要受宏观环境中各种力量的影响。宏观环境是指那些给企业带来市场机会和环境威胁的主要社会力量，包括人口环境、经济环境、自然环境、技术环境以及社会和文化环境等，这些主要社会力量代表企业不可控制的变量。

1. 人口环境

市场营销学认为，企业的最高管理层必须密切注意企业人口环境方面的动向，因为市场是由那些想买东西并且有购买力的人（潜在购买者）构成的，而且这种人越多，市场的规模就越大。目前许多国家企业人口环境方面的主要动向有：①世界人口数量迅速增长；②发达国家的人口出生率下降；③许多国家人口趋于老龄化；④许多国家的家庭在变化；

⑤西方国家非家庭住户在迅速增加；⑥许多国家的人口流动性大；⑦有些国家的人口由多民族构成。

2. 经济环境

购买力是构成市场和影响市场规模大小的一个重要因素。而整个购买力即社会购买力又直接或间接受消费者收入、价格水平、储蓄、信贷等经济因素的影响。社会购买力是一些经济因素的函数。正因为这样，企业的市场营销不仅受人口环境影响，而且受到经济环境影响。因此，企业的最高管理层还必须密切注意宏观经济环境方面的动向。企业进行经济环境分析时，要着重分析主要经济因素：①消费者收入的变化；②消费者支出模式的变化；③消费者储蓄和信贷情况的变化。

3. 自然环境

企业的自然环境（或物质环境）的发展变化也会给企业带来一些环境威胁和市场机会，所以，企业的最高管理层还要分析研究其自然环境方面的动向。这个方面的主要动向包括：①某些自然资源短缺或即将短缺；②环境污染日益严重；③许多国家对自然资源管理的干预日益加强。

4. 技术环境

企业的最高管理层还要密切注意其技术环境的发展变化，了解技术环境的发展变化对企业市场营销的影响，以便及时采取适当的对策。当前，这个方面的主要动向是：①新技术是一种"创造性的毁灭力量"；②新技术革命有利于企业改善经营管理；③新技术革命会影响零售商业结构和消费者购物习惯。

5. 社会和文化环境

人类在某种社会环境中生活，久而久之，必然会形成某种特定的文化，包括一定的态度和看法、价值观念、道德规范以及世代相传的风俗习惯等。文化是影响人们欲望和行为（包括企业和消费者的欲望与购买行为）的一个很重要的因素。

二、消费者市场购买行为分析

消费者市场是指所有为了个人消费而购买产品或服务的个人和家庭所构成的市场。消费者市场是现代市场营销理论研究的主要对象。成功的市场营销者能够有效地开发对消费者有价值的产品，并运用富有吸引力和说服力的营销方法将产品有效地呈现给消费者。所以，研究影响消费者购买行为的主要因素及其购买决策过程，对于开展有效的市场营销活动至关重要。

（一）影响购买行为的因素

消费者不可能在真空里做出自己的购买决策，他们的购买决策在很大程度上受到文化、社会、个人和心理等因素的影响。

1. 文化因素

文化、亚文化和社会阶层等文化因素，对消费者的行为具有最广泛和最深远的影响。文化是人类欲望和行为最基本的决定因素。

2. 社会因素

消费者购买行为也受到诸如参照群体、社会角色与地位等一系列社会因素的影响。参照群体是指那些直接或间接影响人的看法和行为的群体。直接参照群体又称为成员群体，即某人所属的群体或与其有直接关系的群体。间接参照群体是指某人的非成员群体，即此人不属于其中的成员，但又受其影响的一群人。参照群体对消费者购买行为的影响表现在三方面：①参照群体为消费者展示出新的行为模式和生活方式；②由于消费者有效仿其参照群体的愿望，因而消费者对某些事物的看法和对某些产品的态度也会受到参照群体的影响；③参照群体促使人们的行为趋于某种"一致化"，从而影响消费者对某些产品和品牌的选择。

3. 个人因素

消费者购买决策也受其个人特性的影响，特别是受其年龄所处的生命周期阶段、职业、经济状况、生活方式、个性以及自我观念的影响。生活方式是一个人在世界上所表现的有关其活动、兴趣和看法的生活模式。个性是一个人所特有的心理特征，它导致一个人对其所处环境做出相对一致和持续不断的反应。

4. 心理因素

消费者购买行为要受动机、知觉、学习以及信念和态度等主要心理因素的影响。动机是一种升华到足够强度的需要，能够及时引导人们去探求满足需要的目标。

（二）购买决策过程

购买决策包括以下几个问题：

1. 参与购买的角色

人们在购买决策过程中可能扮演不同的角色，包括：①发起者，即首先提出或有意向购买某一产品或服务的人；②影响者，即其看法或建议对最终决策具有一定影响的人；③决策者，即对是否买、为何买、何时买、何处买等方面的购买决策完全或部分做出最后决定的人；④购买者，即实际采购人；⑤使用者，即实际消费或使用产品和服务的人。

2. 购买行为类型

消费者购买决策随其购买决策类型的不同而变化。较为复杂和花钱多的决策往往凝结着购买者的反复权衡和众多人的参与决策。根据参与者的介入程度和品牌间的差异程度，可将消费者购买行为分为四种：①习惯性购买行为。对于价格低廉、经常购买、品牌差异小的产品，消费者不需要花时间进行选择，也不需要经过搜集信息、评价产品特点等复杂过程，所以，其购买行为最简单。②寻求多样化购买行为。有些产品品牌差异明显，但消费者并不愿花长时间来选择和估价，而是不断变换所购产品的品牌。这样做并不是因为对产品不满意，而是为了寻求多样化。③化解不协调购买行为。有些产品品牌差异不大，消费者不经常购买，而购买时又有一定的风险，所以，消费者一般要比较、看货，只要价格公道、购买方便、机会合适，消费者就会决定购买。购买以后，消费者也许会感到有些不协调或不够满意，在使用过程中，会了解更多情况，并寻求种种理由来减轻、化解这种不协调，以证明自己的购买决定是正确的。经过由不协调到协调的过程，消费者会有一系列的心理变化。④复杂购买行为。当消费者购买一件贵重的、不常买的、有风险的而且非常有意义的产品时，由于产品品牌差异大，消费者对产品缺乏了解，因而需要一个学习过程，以广泛了解产品性能、特点，从而对产品产生某种看法，最后做出购买决定。

3. 购买决策过程

在复杂购买行为中，购买者的购买决策过程由引起需要、收集信息、评价行为、决定购买和买后行为五个阶段构成。

购买者的需要往往由两种刺激引起，即内部刺激和外部刺激。市场营销人员应注意识别引起消费者某种需要和兴趣的环境，并充分注意到两方面的问题：一是注意了解那些与本企业的产品实际上或潜在的有关联的驱使力；二是消费者对某种产品的需求强度，会随着时间的推移而变动，并且被一些诱因触发。在此基础上，企业还要善于安排诱因，促使消费者对企业产品产生强烈的需求，并立即采取购买行动。

一般来讲，引起的需要不是马上就能满足的，消费者需要寻找某些信息。消费者的信息源主要有个人来源、商业来源、公共来源、经验来源等。

消费者对产品的判断大多是建立在自觉和理性基础之上的。消费者的评价行为一般会涉及以下几个问题：①产品属性，即产品能够满足消费者需要的特性，如计算机的存储能力、图像显示能力、软件的适用性等。②属性权重，即消费者对产品有关属性所赋予的不同的重要性权数。消费者被问及如何考虑某一产品属性时立刻想到的属性，叫作产品的特色属性。但特色属性不一定是最重要的属性。在非特色属性中，有些可能被消费者遗忘，而一旦被提及，消费者就会认识到它的重要性。③品牌信念，即消费者对某品牌优劣程度的总的看法。由于消费者受个人经验、选择性注意、选择性曲线以及选择性记忆的影响，其品牌信念可能与产品的真实属性并不一致。④效用函数，即描述消费者所期望的产品满足感随产品属性的不同而有所变化的函数关系。其与品牌信念的联系是，品牌信念是指消费者对某品牌的某一属性已达到何种水平的评价，而效用函数则表明消费者要求该属性达到何种水平他才会接受。⑤评价模型，即消费者对不同品牌进行评价时选择的程序和方法。评价行为会使消费者对可供选择的品牌形成某种偏好，从而形成购买意图，购买所偏好的品牌。

但是，在购买意图和决定购买之间，有两种因素会起作用：一是别人的态度；二是意外情况。消费者对其购买的产品是否满意,将影响到以后的购买行为。如果对产品满意,则在下一次购买中可能继续采购该产品,并向其他人宣传该产品的优点;如果对产品不满意,则会尽量减少不和谐感,因为人存在着一种在自己的意见、知识和价值观之间建立协调性、一致性或和谐性的驱使力。具有不和谐感的消费者可以通过放弃或退货来减少不和谐,也可以通过寻求证实产品价值比其价格高的有关信息来减少不和谐感。市场营销人员应采取有效措施尽量减少购买者买后不满意的程度。过去的品牌选择对于未来品牌偏好会起强化作用。

三、组织市场购买行为分析

企业的市场营销对象不仅包括广大消费者,还包括各类组织机构。这些组织机构构成了原材料、零部件、机器设备、供给品和企业服务的庞大市场。为此,企业必须了解的组织市场主要是产业市场及其购买行为。

(一)组织市场的构成要素

组织市场是由各种组织机构形成的对企业产品和劳务需求的总和。它可分为三种类型,即产业市场、转卖者市场和政府市场。

1. 产业市场

产业市场又叫生产者市场或企业市场,是指一切购买产品和服务并将之用于生产其他产品或服务,以供销售、出租或供应给他人的个人和组织。

2. 转卖者市场

转卖者市场是指那些通过购买产品和服务并将之转售或出租给他人,以获取利润为目的的个人和组织。

3. 政府市场

政府市场是指那些为执行政府的主要职能而采购或租用产品的各级政府单位。也就是说,一个国家政府市场上的购买者是该国各级政府的采购机构。

(二)产业市场购买行为

1. 产业市场的主要特点

在某些方面,产业市场与消费者市场具有相似性,两者都有人为满足某种需要而担当购买者角色、制定购买决策等共同点。然而,产业市场在市场结构与需求、购买单位性、决策类型与决策过程及其他各方面,又与消费者市场有着明显差异。与消费者市场相比,产业市场的特点主要有:①产业市场上购买者的数量较少,购买者购买的规模较大;②产业市场上的购买者往往集中在少数地区;③产业市场的需求是引申需求;④产业市场的需求是缺乏弹性的需求;⑤产业市场的需求是波动的需求;⑥专业人员购买;⑦直接购买;

⑧相互购买；⑨租赁代替购买。

2. 产业市场购买的决策参与者

产业用品供货企业不仅要了解谁在市场上购买，而且要了解谁参与产业购买者的购买决策过程，他们在购买决策过程中充当什么角色，起什么作用，也就是说要了解其购买者的采购组织。

各企业采购组织有所不同。小企业只有几个采购人员；大公司有很大的采购部门，由一位副总裁主管。有些公司的采购经理有权决定采购什么规格的产品、由谁供应；有些采购经理只负责把订货单交给供应商。

在任何一个企业中，除了专职的采购人员之外，还有一些其他人员也参与购买决策过程。所有参与购买决策过程的人员构成采购组织的决策单位，市场营销学称之为采购中心。企业采购中心通常包括五种成员：①使用者；②影响者；③采购者；④决定者；⑤信息控制者。

并不是任何企业采购任何产品都必须有上述五种人员参加购买决策过程。企业中采购中心的规模大小和成员多少会随着采购产品的不同有所不同。一个企业如果采购办公用的文具，可能只有采购者和使用者参与购买决策过程，而且采购者往往就是决策者。在这种情况下，采购中心的成员较少，规模较小。如果采购一台计算机，其技术性较强，单价高，购买情况复杂，参与购买决策过程的人员较多，采购中心的成员也会较多，规模较大。如果一个企业采购中心的成员多，供货企业的市场营销人员就不可能接触所有的成员，而只能接触其中少数几位成员。在此种情况下，供货企业的市场营销人员必须了解谁是主要的决策参与者，以便影响最有决策力的重要人物。

3. 产业市场购买者的购买情况

产业市场购买者不是只做单一的购买决策，而是需要做一系列的购买决策。购买者要做多少购买决策以及其购买决策结构的复杂性，都取决于产业市场购买者购买情况的复杂性。产业市场购买者的购买情况可以分为三种类型：①直接重购，即企业的采购部门根据过去和许多供应商打交道的经验，从供应商名单中选择供货企业，并直接重新订购过去采购过的同类产业用品。此时，组织购买者的购买行为是惯例化的。②修正重购，即企业的采购经理为了更好地完成采购工作任务，适当改变要采购的某些产业用品的规格、价格等条件或供应商。这类购买情况较复杂，因而参与购买决策过程的人数较多。③新购，即企业第一次采购某种产业用品。新购的成本费用越高，风险越大，需要参与购买决策过程的人数和需要掌握的市场信息就越多。这类购买情况最复杂。

第三节 市场细分及产品价格策略

一、市场细分

市场细分是按照消费者的不同特点而产生的不同需要,把消费者划分为不同的顾客群或市场面的过程。这些不同的顾客群或市场面,就是不同的细分市场。通过市场细分化,可以更深入地了解和发现不同细分市场的不同特点和规律,从而寻找新的市场机会并有针对性地开展市场营销活动。

(一)市场细分的基本原则

企业可以依据不同标准进行市场细分,但并不是所有划分出来的细分市场都是有效的和有用的。要使细分后的市场对企业有用,必须遵循以下原则:

1. 可估量性

细分市场的规模及其购买力是可以估量的,即在这个细分市场可获得足够的有关消费者特性的资料。如果某个市场的资料无法获得,那就无法进行估量,也就不能把它纳入本企业市场细分的范围。在实践中,有些市场捉摸不定、难以估量,就不能对它进行细分。

2. 可进入性

细分的市场应是企业可能进入并能占有一定份额的部分;否则,细分就没有现实意义。

3. 效益性

企业所选定的市场的规模必须足以使企业有利可图;如果细分市场的规模很小,不能给企业带来足够的经济效益,一般就不值得细分了。

4. 稳定性

细分市场必须在一定时间内保持相对稳定,以便企业制定较长期的营销策略,从而有效地开拓并占领目标市场,获得预期效益。如果细分市场变动过快,目标市场如昙花一现,企业营销风险则会随之增加。

(二)评估市场细分

由于市场范围的广泛性,任何企业都无法满足所有消费者的一切需求,企业必须根据自身条件,扬长避短地选择那些能发挥自己优势的市场,作为自己从事生产经营的目标市场。目标市场是一个企业决定提供产品或服务的市场。它是以市场细分为前提的,企业应在认真评估市场细分的基础上,选择恰当的进入策略。评估企业市场细分主要考虑三大因素:

1. 市场因素

有关市场因素，主要考虑七方面的问题：

第一，细分市场的规模。一般来讲，市场规模越大，市场吸引力越强。但是，由于大量的企业受其吸引力的影响，规模较大的市场存在着更为激烈的竞争。此外，小企业不具有在较大规模市场上竞争的优势，因而会把目光投向较小的市场。

第二，细分市场的增长率。市场增长率越大，市场的潜力就越大，因为那里有更多的商机。然而，市场走势良好可能意味着激烈的市场竞争，应结合市场竞争状况来分析市场增长率。

第三，价格敏感度。价格敏感度高的市场，通常风险大，也容易引起价格战，从而会损害商家的利益。

第四，消费者的讨价能力。无论是直接购买者还是中间商，如果他们能够对制造商施加压力，要求降低价格，这无疑会降低市场对制造商的吸引力。

第五，供应商的讨价能力。如果供应商具有较强的讨价能力，原材料的成本价格必定较高，无疑也会降低市场对制造商的吸引力。

第六，进入细分市场的壁垒。对于有意进入某市场的企业来说，进入的过程可能存在一些阻力，这也会降低市场的吸引力。然而，如果企业克服了这些阻力，进入了这个市场，那么阻力将会成为其优势，会阻止新的竞争对手的出现。企业如能判断出这一点，那么阻力也会增加市场对企业的吸引力。

第七，退出细分市场的壁垒。如果退出某一细分市场的阻力很大，那么这个市场的吸引力就较弱，企业撤出市场时，就要付出巨大的代价，因此，进入此市场风险较大。

2. 竞争因素

竞争因素主要包括：①竞争的性质。存在激烈竞争的市场，不如竞争程度相对较低的市场有吸引力。②新进入者。企业必须评估市场潜在的动态。即便是目前市场上不存在激烈的竞争，也不一定说明该市场就有吸引力。因为市场是动态的、不断变化的，如果有新成员加入，并且可能带来新科技，就会促使竞争规则改变。这样，进入此市场风险性就较大。③竞争差异。如果消费者的需求存在差异化，就能吸引更多的商家提供差异化的产品和服务参与市场竞争。这取决于正确评估消费者的差异化需要以及企业是否有满足这种需要的能力。

3. 企业能力

除了考虑市场的吸引力，还必须考虑企业服务于市场的能力：①可利用的市场资产。评估目前企业的市场资产是否允许企业开发和利用有吸引力的市场。②成本优势。如果企业能够利用廉价的原料、劳动力或者能够运用科学技术降低成本，则企业在市场中就往往处于优势地位。③科技优势。科学技术是造成利润差别的源泉之一，拥有高技术的企业在市场中往往具有竞争优势。④管理能力。一个新的市场或许很有吸引力，但是如果企业水平低，不足以战胜竞争对手，那么该企业还是不进入此市场为好。

二、产品价格策略

（一）产品及其功能

产品是企业市场营销组合中的重要因素，产品策略直接影响和决定着其他市场营销组合因素的决策，甚至决定着企业市场营销的成败。在现代市场经济条件下，每一个企业都应致力于产品质量的提高和组合结构的优化，以便更好地满足市场需要，提高企业产品竞争力，取得更好的经济效益。

1. 产品的整体概念

在普通人的意识中，产品通常是指经过生产劳动创造出来的具有某种特定物质形态和用途的物体。从市场营销的角度看，这种传统的产品概念过于狭窄，已经不适应市场营销发展的要求了。市场营销学的观点认为，消费者购买某种产品，不单是为了取得一件有形的、可以使用的物体，而且更重要的是为了取得实际利益和满足需要。从这个意义上讲，服务也应当包括在产品范围之内。所以，从现代市场营销角度来理解产品，产品应包括三个层次：

（1）核心产品

核心产品是指向消费者提供的产品的基本效用或利益。核心产品也就是消费者真正要购买的利益，即产品的使用价值。

（2）形式产品

形式产品是指产品的物质形态，即满足消费者需要的各种具体形式。它包括产品的质量、特色、式样、商标、包装等。产品的基本效用必须通过某些具体的形式才能得以实现。

（3）附加产品

附加产品是指消费者由于购买产品而得到的附加服务或利益。它包括提供信贷、免费送货、安装、售后服务等。附加产品的利益来源于对市场需要的深入认识。因为购买者的目的是满足某种需要，因而他们希望得到与满足该项需要有关的一切。

以上三个层次结合起来就是产品的整体概念。在越来越激烈的市场竞争条件下，企业只有站在消费者的角度，用产品整体概念来理解产品，才能生存和发展。

2. 产品功能

根据产品的整体概念，产品是由多种因素构成的组合体。随着社会的发展，消费者对产品的要求越来越高，产品功能越趋完善。一般来说，产品应具备以下功能：

（1）质量

产品质量是产品的生命，也是衡量产品使用价值大小的主要标志。它是指产品适合一定用途，满足社会和人们一定需要所具备的特性，包括产品的性能、寿命、可靠性、安全性和经济性五方面。

（2）式样、颜色

由于消费者受地域和环境、生活习惯、文化、历史传统等的影响，不同国家、地区的消费者对产品的式样、色泽的喜爱各不相同。

（3）体积

产品实体及包装的大小，因产品而异。就消费品来说，应考虑便于消费者使用、保管和携带。

（4）品牌与商标

品牌与商标是区分同类产品不同生产厂家的主要标志，以便消费者认识和选购产品。

（5）包装

这是对产品实体的保存和养护，便于消费者购买，促进销售。

（6）使用说明和保证

产品使用说明是向消费者介绍产品性能、结构、使用、保养等知识和注意事项的。产品保证是生产企业向消费者提供的保证条件，如"三包""三保"，以增进消费者对产品的信任。

（7）服务

服务包括售前对产品的广告宣传，售中的优质服务，售后的运送、安装、维修等。此外，服务还包括交货期、信用服务、产品标准等。

（二）价格策略

1. 产品价格

企业产品的价格是产品价值的货币表现，主要取决于生产产品所花费的社会必要劳动时间，同时也受到产品需求与市场竞争因素的影响。价格是影响市场需求和购买行为的主要决定因素，也是市场营销组合中非常敏感的问题。企业采用合理的价格策略，有利于开拓、占有市场，增加产品销售量，增加盈利，也有利于调节市场供求，满足用户需要。

企业的产品价格除按流通环节划分为出厂价格、收购价格、批发价格、产品调拨价格以及零售价格等外，还可按价格管理权限划分为以下几种：

（1）国家统一定价

国家统一定价即国家各级物价主管部门，为保证有关国计民生的重要产品的供应所制定的统一价格。例如，国家对主要农产品的收购和主要工业原材料、燃料、动力的供给进行定价等。

（2）浮动价格

浮动价格即为保证市场的相对稳定，国家允许企业产品的价格在国家规定的产品价格范围之内，根据市场供求与生产经营状况上下浮动。浮动价格又分为三种：①最高限价——国家规定最高价格，企业定价只能向下浮动，旨在抑制涨价风；②最低限价——国家规定最低价格，允许企业定价向上浮动，旨在保护某些产品的生产；③中准价——国家规定中准价格和浮动幅度，允许企业产品价格在规定范围内上下浮动。

（3）买卖双方议价

买卖双方议价即由买卖双方根据市场供求状况，协商议定价格。

（4）企业自定价格

企业自定价格即由企业根据市场供求和生产经营状况，自行确定价格。它受供求关系的支配，灵活性大。

2. 影响价格的因素

（1）产品成本

产品成本是影响价格最主要的因素。由于价格是价值的货币表现，虽然价格与价值有时会发生偏离，但无论什么产品，其价格与价值的过度偏差总是不能长久的，因此，产品定价时必须考虑产品的价值——社会必要劳动时间。

（2）供需关系

供需关系是市场经济条件下制定产品价格的重要理论依据。在市场经济条件下，市场供需关系决定着市场价格，市场价格又决定着市场供需关系，二者互相制约、互相依存。

（3）国家的价格政策

在社会主义市场经济条件下，为避免生产的盲目性，保证国民经济稳定健康地发展，国家必然要制定一系列的物价政策，对价格进行宏观上的指导和调控，这些物价政策也是制定价格的重要依据。

企业产品定价除考虑以上三个主要因素外，还要考虑产品、市场、消费心理等因素。

3. 企业的定价目标

（1）以利润为定价目标

利润是企业从事经营活动的主要目标，也是企业生存和发展的源泉。在市场营销中很多企业就直接以获取利润作为制定价格的目标。

第一，以预期收益为定价目标。这是指企业以获取投资收益为定价基点，它是以总成本加上合理的利润作为产品的销售价格。企业采用这种定价目标时，必须考虑产品的质量、产品的生命周期、消费者的需求弹性及市场竞争的状况。适度的收益率可使企业获得较长期稳定的收益。

第二，以最大利润为定价目标。获取最大利润是市场经济中企业从事生产经营活动的最高愿望。但以获取最大利润为目标不一定就要给产品制定最高价格；有时定价低，反而可以通过提高市场占有率，使企业在一定时期内获取最大利润。

第三，以合理利润为定价目标。这是指企业在激烈的市场竞争压力下，为保全自己、减少风险，但又限于企业自身实力不足，所以只能在社会平均成本的基础上，加上适度利润作为定价目标。这是一种兼顾企业利益和社会利益的定价目标。

（2）以销售数量为定价目标

这种定价目标是指企业以巩固和提高市场占有率、维持和提高产品销售量为定价目标。一个企业的市场占有状况，是该企业经营状况和产品竞争力的综合反映，关系到企业的兴衰。研究表明，市场占有率的提高也具有获取长期较高利润的可能性。

（3）以应对与防止竞争为定价目标

大多数企业对于竞争者价格十分敏感，在分析了企业产品的竞争能力和市场竞争位置以后，将会做出自己的产品价格选择。定价办法有三种，即低于竞争者价格、等于竞争者价格和高于竞争者价格。这种定价目标易造成价格战，导致两败俱伤，一般不宜采用。

（4）以社会责任为定价目标

这种定价目标是指企业由于认识到自己的行为或产品对消费者和社会承担着某种义务，从而放弃追求高额利润，以消费者和社会的最大效益为企业的定价目标。当前，我国的一些社会福利和公共事业单位，如学校、幼儿园、养老院、公交公司、自来水供应企业等，普遍采用这种定价目标。

4. 定价策略

（1）新产品定价策略

新产品定价是市场营销中十分重要的问题。产品上市之初，定价难以借鉴，定价高了，难以被消费者接受；定价低了，将会影响企业的经济效益。常见的新产品定价策略有三种：

第一，高价策略，又称撇脂定价，是指将新产品的价格定得较高，以期在短期内获取高额利润，尽快收回投资。生产周期短、需求弹性小的高档或奢侈性产品，短期内在一定范围内的紧缺产品以及独家生产的专利产品，可以考虑采用高价策略。

第二，低价策略，又称渗透定价，是指将新产品的价格定得较低，以利于迅速占领市场，取得较高的市场占有率。同时低价薄利能有效地排斥竞争者的加入，因而能较长期地占领市场。该定价策略适用于需求性大、消费者不甚了解的产品。

第三，中价策略，又称满意定价，它是介于高价策略和低价策略之间的一种定价方法。

当企业的产品在质量、成本和声誉上并不突出，而又不愿承担过高风险时，可采用中价策略。

（2）折扣与让价策略

折扣与让价都是以减少一部分价格来争取消费者的定价策略。在市场营销中，常用的折扣与让价策略有以下几种：

第一，现金折扣。这是指对当时或按约定日期以现金付款的购买者给予一定比例的折扣，目的是减少赊销，加速资金周转，防止产生呆账。

第二，数量折扣。这是指按购买数量的多少，分别给予大小不同的折扣，购买数量越多，折扣越大，鼓励大量购买或集中向某一卖家购买。数量折扣又可分为两类：①非累计数量折扣，即规定一次购买某种产品达到一定数量或购买多种产品达到一定金额，给予折扣优惠；②累计数量折扣，即规定购买者在一定时间内购买产品达到一定数量或金额，按总量的大小给予不同的折扣。

第三，交易折扣。这是指根据各类中间商在市场营销中所担负的功能不同，而给予不同的折扣。一般说来，给予批发商折扣较大，给予零售商折扣较小。

第四，季节折扣。这是指经营季节性商品的企业，对在销售淡季来购买的购买者给予一定比例的折扣，目的是鼓励中间商和用户提前购买，减轻企业的仓储压力，加速资金周转，调节淡旺季销售量的不平衡。

第五，推广定价，有人称为销售津贴。实质上，它也是一种折扣方式。当中间商为产品提供各种促销活动时，如刊登广告、设置样品陈列窗等，生产者乐意给予津贴，或以降低价格作为补偿。

（3）心理定价策略

心理定价策略是针对消费者的不同心理，制定相应的产品价格，以满足不同消费者需求的一种定价策略，主要可分为以下几种：

第一，尾数定价，又称奇数定价。这是利用消费者对数字产生的心理错觉，有意将产品价格定在一个与整数有一定差额的数字上，使消费者产生价格便宜的感觉，从而促进购买的一种定价策略。一般情况下，消费者心理感觉小数比整数便宜，奇数比偶数小。

第二，招徕定价。零售商利用部分消费者求廉的心理，特意将某几种商品的价格定得较低以吸引消费者。某些商店每天都有一两种商品降价出售，意在吸引消费者经常来采购廉价商品的同时，也售出其他正常价格的商品。

第三，声望定价。这是指为迎合消费者的求名和虚荣心理，对有很好市场信誉和品牌形象的产品制定较高价格的一种方法。它特别适宜于质量好、易鉴别的产品。

第四节 企业分销及促销策略

一、企业分销渠道策略

分销渠道是市场营销组合元素之一。企业的产品或服务必须经分销渠道到达消费者（用户）手中，营销过程才得以完成。

分销渠道是指产品或服务从生产者（企业）向消费者（用户）转移时所经历的线路。分销渠道由参与商品流通过程的企业和个人，如生产者，各种类型的代理商、批发商、零售商等组成。每一条分销渠道的起点是生产者，终点是消费者。合理地选择分销渠道是保证企业再生产过程顺利进行的前提条件。渠道畅通无阻，能加快商品流通的速度，促进生产的发展；否则，即便生产出了好的产品，也不能保证产品及时、安全到达消费者手中，实现产品的价值。

分销渠道决策与产品策略及其他销售策略有密切关系。产品的性能直接制约着分销渠道的选择，有的产品需要建立十分广泛的销售网，而有的只需少数经销商从事销售即可。同时，分销渠道对广告宣传策略及价格策略也有重要影响。

（一）中间商的类型与功能

分销渠道的起点是生产企业，终点是消费者，中间商是渠道中的中间环节。中间商联系着企业的产品生产和消费。

1. 中间商的类型

中间商是指处于生产和消费之间，专门从事商品流通业务的企业或个人。他们介于生产者和消费者之间，参与商品流通业务，促进买卖行为的发生和实现。中间商可分为以下类型：

（1）批发商

批发商是指只向生产者和销售者（零售商）开展销售活动的企业或个人。他们并不直接向最终消费者出售产品。批发商每次交易量较大，并规定有批发起点，以批发价格交易。

（2）零售商

零售商是指直接向最终消费者销售产品的企业或个人。零售商交易频繁，但每次交易量较小，并以零售价进行交易。

（3）代理商

代理商是指对所代理的产品不具有所有权，只是作为生产者企业的代理人执行销售业务，与生产企业签订合同，在指定的区域内销售企业的产品，生产企业则按销售额的一定百分比支付其报酬（佣金）。

（4）经纪人

经纪人是指利用自己在市场信息方面的优势，沟通买卖双方，促成交易实现，并从中获取报酬的企业或个人。随着市场经济的发展，经纪人越来越多地出现在现代市场营销活动中。

2. 中间商的功能

中间商是生产者和消费者之间的桥梁。在现代市场营销活动中，生产企业一般都将一部分销售工作转移给中间商进行。从理论上讲，生产企业直接面对最终消费者，销售产品最迅速、及时和经济。但实际上，由于生产企业财力资源和精力有限，不可能直接销售自己企业的所有产品。借助中间商的市场营销经验、专业才能、联系范围和规模，生产企业可以使本企业产品的分销工作更有效率。中间商在商品流通过程中具有如下基本功能：

①集中产品的功能。中间商通过对各生产企业的产品有计划地收购、订购和采购，将产品汇集成较大的批量、较多的品种，减轻了企业的库存压力，方便消费者购买。

②平衡供需的功能。中间商往往根据市场实际需要提前购买大量产品，然后适时、适地、适量地向市场供应，从而起到了平衡供给和需求的作用。

③扩散产品的功能。由于中间商的存在，企业可以把自己生产的产品销售到很广阔的市场。

④简化流通，沟通产销，提高销售效率的功能。

（二）分销渠道及其策略的类型

1. 分销渠道的类型

分销渠道一般有三种类型：①生产企业→最终消费者或用户；②生产企业→零售商→最终消费者或用户；③生产企业→批发商→零售商→最终消费者或用户。第一种形式不通过任何中间商，生产企业把产品直接转移给消费者，是一种直接销售形式，适用于生产资料的销售。因为这类产品的用户数量有限，且多数又是大量购买，大多数情况下用户还希望出售者能提供技术服务。后两种形式都要通过中间商，属于间接销售形式，适用于消费品的销售。

2. 分销渠道策略的类型

分销渠道的策略有多种，企业必须综合考虑各种因素，做出正确选择。

第一，广泛销售策略。广泛销售策略是指生产企业对中间商不加任何选择，尽可能多地利用，以增加产品的销售量。这种策略适合于价格低廉、差异不大的日用消费品，或生产资料中的小工具的销售，广告费用一般由生产者承担。企业同中间商的关系比较松散。

第二，有选择销售策略。有选择销售策略是指企业在特定的市场范围内，选择部分中间商销售本企业产品。这种策略适用于选择性较强的日用消费品和专业性较强的零配件以及技术服务要求较高的产品。这种策略有利于加强合作，有利于向消费者提供良好的服务，提高产品的声誉和经济效益。

第三，独家销售策略。独家销售策略是指企业在特定的市场范围内仅选择一家中间商销售其特定产品。这种策略一般适用于新产品、品牌产品以及有某种特殊性能和用途的产品。这种策略使生产者能够得到中间商的有效协作和支持，易于控制销售价格；但增加了生产者对中间商的依赖性，若经营情况不佳则会失去一定的市场。对中间商来讲，获得了该产品经营的垄断地位，得到了生产者给予的各种优惠条件；不过一旦失去经销特权，便会招致较大损失。

二、促销策略

促销是市场营销组合中的一个重要元素，其实质是卖方与买方之间的信息沟通。在现代市场经济条件下，企业促销有极其丰富的内容和极为重要的作用。促销方式或手段包括人员推销、公共关系、营业推广和广告四方面。由于它们具有不同的特点，需要在实际促销活动中组合运用，使各种不同的促销方式编排组合形成不同的促销策略。明确促销组合中各种促销组合方式的意义和特点，正确应用各种促销策略，对于促进企业产品销售具有重要意义。

（一）促销的概念和作用

1. 促销的概念

促销是指企业通过各种促销手段，向消费者传递产品或服务信息，帮助消费者认识产品的性能和特征，以引起消费者注意，提高消费者的兴趣，激发其购买欲望，促进产品销售的各项活动的总称。

2. 促销的作用

在现代市场营销活动中，促销比之早期的产品推销有更重要的作用。早期的产品推销仅仅局限于促进产品所有权的转移，现代促销活动的作用则更为广泛和深刻。通过促销活动，不仅能帮助或说服潜在消费者购买，而且更刺激了消费需求的产生。一般来说，促销具有以下作用：

第一，传递信息。当产品进入市场或即将进入市场时，企业通过促销手段及时向中间商和消费者提供信息，能引起社会公众广泛的注意，吸引他们注意这些产品和服务的存在，以便消费者选择购买。

第二，唤起需求。在促销活动中，通过介绍新产品，展示合乎潮流的消费模式，可以唤起消费者的购买欲望，创造出新的消费需求。

第三，促进本企业产品销售。在同一类产品市场上，产品的基本功能大体相同。企业通过促销活动，可以充分显示自身产品的突出性能和特点，加深消费者对本企业产品的了解，从而促进本企业产品的销售，巩固企业市场地位。

（二）促销方式

促销就是向消费者传递产品信息并说服其购买以达到扩大销售的目的。

促销要通过一定的方式进行。促销方式一般来说包括两大类：人员推销和非人员推销。非人员推销又包括广告、公共关系和营业推广三方面。

1. 人员推销

人员推销就是由推销人员通过访问、座谈、操作表演等活动来说服消费者购买产品。人员推销是人类最古老的促销手段。远在小商品经济时代，商人的沿街叫卖、上门送货就属于人员推销的性质。在商品经济高度发展的现代社会，人员推销这种古老的形式更是焕发了青春，成为现代社会不可缺少的一种促销方式。

（1）人员推销的特点

人员推销同其他推销方式相比，最大的特点是具有直接性。无论是采取推销人员面对面地与消费者交谈的形式，还是采取电话访问的形式，推销人员都在通过自己的声音、形象、动作或拥有的样品、宣传图片等直接向消费者展示、操作、说明，直接发生相互交流。这种直接性的特点，决定了人员推销具有以下优点：

第一，灵活机动。推销人员可根据不同消费者的动机和特点，灵活采用通报方式和解说，帮助消费者辨明问题，指出机会，提出建议，还能及时解答消费者提出的问题。

第二，针对性强。人员推销的目标消费者是明确的，并采用面对面的接触方式，推销效率高。

第三，促使消费者立即采取购买行为。在推销人员的帮助和劝告下，消费者容易做出购买决定。

第四，密切买卖双方关系。推销人员可以帮助消费者解决问题，充当消费者购买的顾问，有利于沟通企业与消费者的关系，消除隔阂，建立友谊。

第五，具有信息反馈功能。推销人员经常接触消费者，能将消费者的态度、意见和要求及时反馈给企业。

但是，人员推销也有不足之处，主要是费用开支较大，接触消费者的数量和范围有限，因此制约了这种方法的应用范围和应用程度。一般来说，当产品价格高、技术复杂或者竞争激烈时，往往需要人员推销，特别是生产资料的销售，因为买卖双方的依赖性强。若产品技术性强，购买量大，则更需要推销人员沟通产品销售。

（2）人员推销的组织工作

人员推销是一种特别有效的促销方式。为了增加人员推销的效果，应做好以下工作：①推销人员的选配。人员推销的关键是推销人员。推销人员的素质直接关系到推销的效果以及企业形象。所以，应选择合适的人员来从事这项工作，并且对他们进行有计划的培训。②推销人员的分工。为了充分发挥推销人员的作用，应对推销人员进行合理的分工。一般有三种分工形式：一是按地区分工；二是按产品分工；三是按用户分工。③推销人员的报酬。为了调动推销人员的积极性，除了加强思想政治工作外，还要制定合理的报酬办法，一般采用基本工资加部分浮动工资的办法，浮动工资的多少应与所完成的销售量相联系。④推销人员的工作考核。推销人员远离企业，在外工作的时间多，企业有关部门要经常考核其工作成果。

2. 非人员推销

（1）广告

广告是利用一定媒介，把各种产品或服务的信息传递给潜在消费者的一种促销方式。广告是一种商业性的大众传播方式，是通过报纸、杂志、电视、广播等群众性媒体，将产品或服务的信息传输给成千上万的消费者。当前，社会生产高度发展，产品品种千差万别，生产者和消费者日益隔离，广告已成为企业向消费者传递信息的重要手段，受到了工商界的高度重视和普遍采用。

广告本身是一种心理影响方式，旨在用有意识的方法，促使消费者自愿地接受和执行广告的内容。从企业的角度讲，广告的作用有：沟通信息，促进流通；激发需求，促进销售；介绍知识，指导消费。

广告分为两类：一是产品广告，即以产品为主体的广告，目的是希望立即引起消费者的购买行为；二是企业广告，即以企业为主体的广告，其目的在于建立该企业的信誉，树立该企业的形象。

（2）公共关系

在现代市场营销中，公共关系是指企业与相关公众为实现双向沟通、谅解、信任、合作而进行的有目标、有计划的公共活动。

企业公共关系作为一种特殊的促销形式，主要特点包括：①企业公共关系是企业与其相关的社会公众的关系。这些社会公众主要包括供应商、消费者、竞争者、信贷机构、新闻传媒，等等。企业不是孤立的经济组织，而是社会群体中的社会组织。企业公关是指要同这些社会公众建立良好的关系。②企业形象是企业公共关系的核心。企业公共关系的一切活动都是围绕建立良好的企业形象来进行的。企业形象是指社会公众对企业的综合评价。良好的企业形象是企业的无形资产，对促进企业产品的销售、提高企业竞争力具有非常重要的作用。③企业公共关系的最终目的是促进商品销售。表面上看，企业公共关系仅仅是为了建立良好的形象，似乎并不存在促销的功能，但实质上，公共关系是一种隐性的促销方式，建立了良好的企业形象，企业首先推销了自身，从而也带动了自身产品的销售。

（3）营业推广

营业推广是指为刺激需求而采取的能够迅速引起购买行为的促销方式。与其他促销方式不同，营业推广多适用于一定时期、一定任务的短期特别推销。一般来说，人员推销、广告、公共关系等促销方式都具有持续性和常规性，而营业推广常常是上述推销方式的辅助手段，用于特定时期、特定产品的促销。

营业推广的方式很多，企业应根据营销目标、市场类型、竞争环境、政策法规等做出正确选择。

第四章 企业管理创新实践

第一节 企业管理创新体系

一、观念创新

观念创新是企业一切创新活动的前提。观念创新是指形成能够比以前更好地适应环境的变化并更有效地利用资源的新概念或新构想的活动,它是以前所未有的、能充分反映并满足人们某种物质或情感需要的意念或构想来创造价值的活动。管理者应该自觉进行观念创新,以适应迅速变化的企业内外环境。同时,观念创新是没有止境的,现在的新观念,几年之后可能就变成了老观念。因此,只有不断地进行观念创新,不断产生适应并领先时代发展的新思想、新观念,并具体落实在管理活动中,组织才能得到良好发展,否则,就会被无情的市场竞争所淘汰。从这个意义上来说,观念创新是组织成功的导向,是其他各项创新的前提。

无论是企业家的观念创新还是企业经营观念的创新,都需要一定的前提条件,也都会存在着各种各样的风险。在观念创新的前提条件中,最核心的一条就是不断学习。观念创新要有充分的准备,它是一个充分积累、学习的过程。学习既包括对前人、别人的思想和经验的学习,也包括在主体本身实践中的思考和学习。

组织的学习是指组织为适应环境变化和自身发展的需要,不断地吸收、处理外界信息,调整自己的生存结构、方式和内涵,以最大限度地形成面对环境的应变能力和面向未来的发展能力。组织的学习不是孤立地单指组织成员个体的学习,而是指组织作为整体,包括从体制、机制到群体组合在内的系统活动。个体的学习不是组织学习的全部要求内容,而是实现组织学习的途径和表现。组织的学习不等于单个成员学习的简单相加。学习的组织是指已经形成有效学习机制的组织。

二、组织创新

组织创新是指随着生产的不断发展而产生的新的企业组织形式。组织是对资源的一种配置方式，包括对人力、物力与财力资源及其结构的稳定性安排。组织的基础是其目标的认同性，而这种认同必须建立在对其成员责、权、利关系的合理界定上。作为资源配置的另一种基本形式，市场是具有不同目的的个体之间进行各种交易的协作体系，这种协作是一种相互有利的过程，能使各个个体更好地实现各自的目的。由于组织具有相对的刚性，而市场富有较大的弹性，两者此消彼长，因此无论是怎样的经济制度，要想有效地开发利用资源，都不能将组织或者市场作为其配置资源的唯一方式。由于在不同的经济发展阶段对资源配置的要求不同，因而合理地选择和安排好两者的主次和轻重关系，对推动经济进一步发展有决定性的作用。

由于组织与市场的资源配置性质迥异，因此创新往往意味着资源组合方式的改变，并在组织与市场中表现出不同特征。组织形态的演变，由家庭的"纵向一体化"到分料到户制，到工场作坊，到简单的工厂制，到合伙企业、股份企业，以及股份企业的横向一体化即法人互相持股，都是企业组织创新的结果。

组织创新的类型有三种：市场交易型（A型）、行政指令型（B型）和混合型（AB型）（指市场交易型与行政指令型相结合）。A型组织的创新主要依靠个体利益的诱导，当个体认为参加新的组织能获得大于之前所得利益时，A型组织创新就会出现；B型创新主要依靠权力的驱动，当权力上层重构组织能实现整体的新目标或使目标更好地实现时，B型创新就会出现；AB型创新介乎其中，它广泛存在于组织与市场共存的相互作用体系中。

创设一个新的组织体系并使之有效地运转是组织创新的主要任务。组织是企业管理活动及其他活动有序化的支撑体系。一项组织创新如果不能有效地实施与运转，则不是实实在在的创新。组织创新主要包括三大领域：企业制度创新、组织结构创新与管理制度创新。

（一）企业制度创新

企业制度创新是指随着生产的不断发展而创立新的企业组织形式。强调制度建设与制度创新不是说人不重要，强调以人为本的管理也不等于制度不重要。恰恰相反，人本管理需要在科学的制度前提下来发挥人的作用。没有经过严格制度管理的过程，一开始就实行人本管理是不可行的。人与制度的关系是管理中的一个难题，往往强调人的时候忽略了制度，而强调制度时又把人捆得死死的，这一点需要特别关注。

（二）组织结构创新

在组织结构创新过程中，组织结构与外在环境的关系必须受到重视，原因在于组织的生存、发展与创新要依赖外在环境的支持。组织必须顺应环境的变化进行各种必要的自我调整，适时变革自身的结构。

要想顺应环境的变化，就必须能够预见到环境的变化。如果环境总是在动荡变化之中，那么组织必须保持高度敏感，随时根据环境的变化，迅速做出反应，调整相应组织结构。当然，环境与结构的关系不是绝对的。组织本身对环境变化的消化能力也是适应环境的另一种力量，而不一定必须通过结构变化来实现。因此，组织结构不可能是一成不变的东西，而是一个柔性的有学习能力的有机体。如何从过去刚性的组织状态转变为柔性的组织状态，是组织结构创新的一个重要方面。最传统的组织结构形式是管理者位居组织的顶点，统辖管理部下。职能取向一旦提高，组织形式便改成以管理者为中心点，统率周围具有专业职能的部下。如果是职能横向式的取向加强的话，管理者的位置又会变成小组成员与其他人一起工作，组织向着半自主管理的形式转变。若再变成流程取向的话，就需要形成没有管理者的自主管理型组织。在这种组织里，强调的是自我管理。当然，还需要整合小组的领导角色，以轮换的方式让全体组员轮流担任领导者，管理者改为顾问性质而存在。这就是现代组织结构形式演变的基本过程。

（三）管理制度创新

管理制度是企业确立的各种资源整合的行为规范。管理制度创新的目的是为了更有效地整合资源。管理制度的创新是一个系统工程，一环紧扣一环，环环相关。制度创新的过程是一个持续化的过程，需要反复修改才能逐步趋于完善。

三、技术创新和市场创新

（一）技术创新

技术创新是指一种新的生产方式的引入。这种新方式可以是建立在一种新的科学发现的基础之上，也可以是以获利为目的经营某种商品的新方法，还可以是工序、工艺的创新。新的生产方式，具体是指企业从投入品到产出品的整个物质生产过程中所发生的"突变"。这种突变与在循环流转的轨道中年复一年地同质流动或同步骤的调整不同，它既包括原材料、能源、设备、产品等硬件创新，也包括工艺程序设计、操作方法改进等软件创新。

（二）市场创新

新技术的出现和新产品的开发，必然带来企业对新的市场的开拓和占领，继而引起市场结构的新变动和市场机制的创新问题。市场创新是指企业从微观的角度促进市场构成的变动和市场机制的创造以及伴随新产品的开发对新市场的开拓、占领，从而满足新需求的行为。

第一，着重于市场开拓。与技术创新不同，市场创新不以追求技术的先进性、产品的精美性为目标，而以开拓新的市场、创造新的需求、提供新的满意为宗旨。能否满足消费者的需求是能否开拓新市场的关键。

第二，市场创新与市场营销不同，不以巩固已有市场份额、提高既有市场占有率为满足，而是把着眼点放在开拓新领域、创造新市场上。

第三，市场创新具有主动进取性。市场创新强调主动进攻，即在企业产品市场形势尚好的情况下，有计划、有系统地革除陈旧的、过时的技术或产品，开发新产品，开辟新市场，而不是等待竞争者来做。

第四，市场创新具有时效性。一次创新能否成功，很大程度上取决于它投入市场的时机。当尚未消除产品的本身缺陷，或其维修备件尚未备足，或是在市场还没有为某次创新做好准备时，过早投入市场会导致惨重的失败。因此，尽早投入新产品，必须有个限度，即拿到市场去的产品必须在质量上基本过关，并具有新颖性能，从而能使之在市场上处于有利的地位。同样，一味追求新产品的最后一点完美性，而过晚地投入市场，也往往贻误战机，导致前功尽弃，丧失早一点推出产品所能得到的更多的市场。

第五，市场创新无止境。以低价格赢得市场份额，靠营销技巧来增加销售，无论是手段还是前景都是有限的，会受到最低成本、效益以及现有市场空间的局限。而市场创新却具有无限前景，从需求角度看，市场需求的多样性、多层次性和发展性，为市场创新提供了无限可能性；从供给角度看，技术进步是无止境的，任何产品质量、性能、规格都是相对的，质量到顶的产品或服务是不存在的。

第二节　企业的管理创新

一、管理创新的动因

由于人的偏好、技术、产品、市场等具有变动的永恒性质，与这些因素相关的管理方式方法的效率只能在相对意义上理解。换言之，一旦引入时间概念，就不存在一成不变的最佳的、最有效率的管理。这就要求企业不断地追求更加卓越的管理，而这只能通过管理创新才能实现。

管理创新的动因是指企业进行管理创新的动力来源。按照管理创新的来源，可将管理创新的动因划分为两类：其一是管理创新的外在动因；其二是管理创新的内在动因。

（一）外在动因

管理创新的外在动因是指创新主体（企业家）创新行为所面临的外部环境的变动。

1. 经济体制环境的变动

经济体制环境是指一系列用来建立生产、交换与分配基础的基本的政治、社会和法律基础规则体系，如产权、合约权利等。在传统计划经济体制下，企业是政府的附属物，企业的生产经营活动都是由上级主管部门决定的，产品统购包销、财政统收统支、工资统一标准。所谓的管理只是如何更好地执行上级的指令，企业缺乏管理创新的激情。现代企业制度的建立，使企业成为自主经营、自负盈亏的市场经济主体。企业进行管理创新的成本、收益都由企业自己承担，这就从产权角度促使企业积极从事管理创新，获取更大的收益。

2. 技术的改变

技术的改变对企业的生产经营活动存在普遍的影响。技术变化可能影响企业资源的获取，生产设备和产品的技术水平；技术进步使企业产出在相当大的范围内发生了规模报酬递增，从而使建立更复杂的企业组织形式变得有利可图。技术创新还降低了生产经营管理的成本，特别是计算机、图文传真、移动通信等信息技术的飞速发展，使适应信息化要求的管理创新成为必然。

3. 社会文化因素的影响

社会文化是一种环境因素，但由于社会文化以其无形的状态深入企业员工及企业的方方面面，故创新主体的主导意识、价值观必然受到其熏陶。在这样的条件下，创新目标、创新行为必然受到社会文化的影响。比如，文化与价值观念的转变，可能改变消费者的消费偏好或劳动者对工作及其报酬的态度；知识积累，教育体制的发展，导致社会和技术信息的广泛传播。这些都减少了进行管理创新的组织、实施成本，促使企业积极创新。

4. 市场竞争的压力

市场可以促使企业进行管理创新。市场通过竞争，会给企业造成很大压力，迫使企业不断创新。这种竞争，不断鞭策企业改进管理方式方法，为管理创新提供动力。由于人的理性是有限的，客观环境是不确定的，管理创新不一定会成功，一旦失败会使企业发展受到影响，因此许多企业害怕创新风险而因循守旧，不敢创新。但创新也有巨大的吸引力，管理创新的成功，会使企业获得巨大收益。正是这种对收益的期望，诱使许多人进行创新。

5. 社会生产力发展的要求

表面上看，管理创新是为了发展生产力，有效整合资源，似乎只是单方面对社会生产力有促进作用，但实际上社会生产力水平状况对管理创新也有促进作用。

（二）内在动因

管理创新的内在动因是创新主体（企业家）创新行为发生和持续的内在动力和原因。管理创新的内在动因并不是单一的，而是多元的。

①创新心理需求。创新心理需求应该是人的需求的最高层次之一。创新心理需求是因创新主体对成就、自我价值、社会责任、企业责任等的追求而产生的。而这些本身也是创新行为的动因。

②自我价值实现。创新主体在创新行为之前或过程中，对自我价值实现的追求往往成为其动因之一，因为一旦成功创新主体可以表明自身价值的高低，也可以从中获得成就感，得到一种自我满足。

③创新主体对收入报酬的追求的需要往往也是创新行为的动因之一。

④责任感。责任感是创新主体的创新动因之一。责任感有两种：一是对社会的责任感，

二是对企业的责任感。这两种责任感会使创新主体在思想意识中产生一种使命意识，促使创新主体坚持不懈地努力。

二、现代企业管理创新的基本要求

（一）要具有创新意识

实施企业管理的创新，需要有一个创新主体，而且这一主体应具有创新意识。对一个创新主体而言，创新意识首先反映在其远见卓识上。这种远见卓识就是能够敏锐地判断企业与管理发展的大趋势，能够在现实的问题中找到关键性问题并能看到其背后的深层原因，能够结合本企业的特点提出、引进有价值的创意，作为创新的萌芽。

（二）要具有创新能力

创新能力直接关系到创意能否实施并最终获得创新成果。因此，创新主体的创新能力就成为企业管理创新的必备条件之一。由于创新主体可以是个人也可以是一个群体，故创新能力在个人方面与某个人的天赋有很大关系，在群体方面则与群体中员工智能结构、员工的关系程度以及组织结构等密切相关。

（三）要有良好的基础条件

现代企业中的基础管理主要指一般的最基本的管理工作，如基础数据、技术档案、统计记录、工作规则、工序流程安排、会计核算、岗位责任标准等。一个企业基础管理工作好，表明这个企业管理水平较高。管理创新通常是在基本管理较好的基础上实现的。

（四）要有良好的创新氛围

创新主体能够有创新意识，能有效发挥其创新能力，与拥有一个良好的创新氛围有关。在好的氛围下，人的思想活跃，不好的氛围则可能导致人的思想僵化、思路堵塞。

（五）要考虑本企业特点

管理创新并不是一种抽象的东西，而是十分具体的事件。现代企业之所以要进行管理上的创新，是为了更有效地整合本企业的资源以完成本企业的目标和责任。因此，这样的创新就不可能脱离本企业的特点。事实上，创新的成功正是由于这一创新本身抓住了企业的特点。

（六）要明确创新目标

创新主体要进行创新，就必须有目标，这一目标就是管理创新目标。具体地说，管理创新目标是一次创新活动意欲达到的状态。具体的管理创新目标与具体的管理创新领域相一致。例如，创办连锁店式的商业服务形式与便利顾客、便利企业、争取效益的目标有关。而目标管理方法，则与寻找一个更好的控制与激励员工的方法的目标相关。由于创新活动需要明确的创新目标，而创新活动本身固有的不确定性使确认创新目标是一件很困难的事，因此，现代企业对管理创新的目标确认多半带有弹性，以解决这一目标本身难以确认的问题。

第三节　企业竞争力的提升

一、企业竞争力的含义与特点

（一）企业竞争力的含义

企业竞争力是一个复杂的综合概念，根据国内外学者的不同解释，可以归结如下：

第一，企业竞争力的"绩效"说。认为企业竞争力是指企业能生产高质量、低成本的产品，比竞争者更有效能和效率地满足消费者的需要。

第二，企业竞争力的"层次"说。认为企业竞争力是一个层次系统，可分三个层次：表层是企业竞争力大小的体现，表现为一系列竞争力衡量指标；中层是企业竞争优势的重要来源，决定竞争力衡量指标的分值；深层是企业竞争力深层次土壤和真正的源泉，决定企业竞争力的持久性。

第三，企业竞争力的"持续发展"说。认为企业竞争力是指企业在与其他企业的公开竞争中，使用人力和资金资源以使企业保持持续发展的能力。

第四，企业竞争力的"能力因素"说。认为企业的竞争力是由一系列能力构成的，包括：快速反应能力、产出加快能力和资源效果能力；或人才竞争能力、市场竞争能力、技术竞争能力。

第五，企业竞争力的"企业家能力"说。企业竞争力是企业和企业家设计、生产和销售产品和劳务的能力，其产品和劳务的价格和非价格的质量等比竞争对手具有更大的市场吸引力，是企业和企业家在适应、协调和驾驭外部环境的过程中成功地从事经营活动的能力。这种能力既产生于企业内部效率，又取决于国内、国际和部门的环境。具体地说，企业竞争力受以下四个层次的影响：一是企业内部效率，即企业以最佳方式配置资源的能力；二是国内环境或经济体制的状况，对企业竞争力具有决定性的影响；三是国际贸易和国际市场的状况影响企业竞争力的发挥；四是部门环境或行业环境竞争力的高低。

综观上述观点，虽然研究者们对企业竞争力的理解是多层次和多角度的，但有一个共同的看法就是认为企业竞争力是一种能力或能力体系，既包括静态能力，也包括动态能力，是一系列能力的综合体现。企业竞争力的大小受到一系列内外因素的影响，如果一个企业不能够对国内、国际和部门环境做出灵活反应，那也就无所谓有竞争力了；如果一国的经济体制和经济环境不能为企业提供或创造有利的环境，企业竞争力也无从谈起。因此，从本质上说，企业竞争力的高低取决于一国经济体制的设计、改革和经济政策的选择。

（二）企业竞争力的主要特征

根据企业竞争力的含义，其有如下特征：

①企业竞争力是一个能力系统，是企业运作过程中一系列能力的综合体现。

②企业竞争力是静态能力和动态能力的统一，既包括现实的实际能力，也包括不断持续改善和发展的能力。

③企业竞争力是一种比较能力，是在与其他企业的市场竞争中比较而获得的。

④企业竞争力是质与量的统一，是可以通过竞争力指标体系的统计数据来加以衡量比较的。

⑤企业竞争力是企业内部因素和外部因素综合作用的结果。

二、企业竞争力提升的战略选择

管理创新是企业提升竞争力的战略选择。从企业竞争力的分析上看，管理创新是企业竞争能力系统结构中的一项能力资源，也是企业竞争力提升的关键因素。管理创新与企业竞争力具有非常密切的关系，可以从两方面进行分析。

（一）管理创新与企业经营、创新

1. 管理与企业经营活动的关系

管理是企业竞争能力体系中的一种能力资源，它在企业竞争力的产生、提升中具有不可忽视的重要作用。由于这种作用是间接的、深层次的，所以人们往往会忽视它的作用，而更重视的是技术、品牌、市场、资本等这些具有直接作用的资源能力。实质上管理是企业经营活动中的基础性工作，并且渗透到企业经营的其他活动中。

2. 管理创新与企业创新的关系

企业创新就是企业经营活动的创新，这是企业经营成功并不断发展、壮大的方法。企业创新的领域包括管理创新等。

企业在进行各种创新活动时，如果没有管理创新与之相适应，产品、技术、营销等创新活动就很难实施。因为，旧有的管理在制度、组织、机制、文化等方面不能与创新活动相适应，成为创新活动的绊脚石，使创新活动难以顺利进行。企业的创新活动要以管理创新为基础，管理创新要为其他创新活动创造良好的制度环境和机制环境，同时通过其他创新活动的成功实施来体现管理创新的功效。

（二）管理创新对提升企业竞争力的效应

管理创新与企业的竞争力有着密切的关系，能够提升企业的竞争力。具体体现在以下几个方面：

1. 企业的收益提高效应

管理创新的目标是提高企业有限资源的配置效率。这一效率虽然可以在众多指标上得到反映，例如资金周转速度加快、资源消耗减少、劳动生产效率提高等，但最终还要在经济效益指标上有所体现，即提高了企业的经济效益，一是提高目前的效益；二是提高未来的效益即企业的长远发展。管理中诸多方面的创新，对企业的目前效益和未来效益的提高都会起到极大的促进作用，增强企业的实力。

2. 企业的成本降低效应

企业管理创新能够推动企业的技术和制度的创新。新技术、新工艺、新流程的采用，加快了产品的生产速度，大大提高了劳动生产效率，降低了单位产品的成本。新制度、新管理方法和方式的应用，改变了员工的工作态度和工作方法，降低了产品的废品率，节约了管理的费用以及交易费用。这些从整体上降低了企业的成本，增强了企业的价格竞争力。

3. 企业的市场开拓效应

管理创新若在市场营销方面进行创新，将帮助企业有力地拓展市场、展开竞争。企业在进行市场竞争和市场拓展时，会遇到众多的竞争对手，哪一个企业能够率先创新营销管理方案，并有效地实施，这个企业便能战胜竞争对手。企业在营销实践中，创新了许多新型的营销方式，如直面营销、顾客营销、连锁营销、关系营销、网络营销、电子商务营销等，这些方法都使企业扩大了市场占有率，增加了企业的资本收益，扩大了企业的资本规模，增强了企业的盈利竞争力和资本竞争力。

4. 企业的管理水平提高效应

企业的有序化、规范化是企业稳定与发展的重要力量，也是衡量一个企业管理水平高低的重要标准。实施管理创新就是不断地为企业提供更有效的管理方式、方法和手段，使企业的管理活动有序、规范和高效。当今时代是一个速度时代，不是大吃小，而是快吃慢。信息技术的应用，使管理操作程序规范化，同时加快了信息的收集、处理、传输，节省了时间，加快了速度，提高了企业的管理竞争力。

5. 企业的企业家创新效应

现代企业管理创新的直接成果之一就是形成了一个新的职业企业家阶层，这一阶层的产生一方面使企业的管理处于专家的手中从而提高了企业资源的配置效率，另一方面使企业的所有权和经营管理权发生分离，推动了企业的健康发展。不仅如此，企业家为了使企业能够持续成长必然关注企业的创新，使自己成为管理创新的主体，还会带动企业员工创新，营造创新氛围，增强企业的创新竞争力。

6.企业的文化渗透效应

企业文化管理是现代企业管理的重要方式，通过管理创新不断地形成先进的企业文化，促进企业员工形成新的价值观和行为方式。通过渗透和影响企业的战略制定、经营管理模式的设计、组织结构和运行制度的完善、人力资源开发与管理的优化等，增强企业文化的凝聚力、激励力、约束力、感染力、形象力和辐射力，提高企业竞争中的文化竞争力。

三、提升企业竞争力的作用机制

"机制"一词原指机器、机械、机构的构造和工作原理，后来逐渐地应用于医学等方面，用来表示生命有机体的各个组织和器官如何有机地联系在一起，并通过表示它们各自的相互作用产生特定功能，从而维护生命有机体的正常活动。20世纪50年代，"机制"一词被引用到经济学中，用来研究市场活动与企业的经营管理活动。

企业竞争力的来源是企业的竞争优势，如果一个企业管理得非常有效率，就会获得竞争优势，有可能成功并成为高度竞争领域的领头羊。管理与管理创新的目的就是在成本、质量、速度和创新等方面分析、发现、构建、保持和提升企业的竞争优势，其作用是通过管理功能的发挥及创新来实现的，作用机制主要是由战略管理、组织结构管理、人力资源管理、管理控制活动和企业文化构成的。下面以战略管理和组织结构为例进行阐述。

（一）战略管理

企业要取得市场竞争主动权，赢得竞争优势，就必须根据国家的产业政策、宏观经济发展规划、世界经济技术发展趋势和市场竞争状况、企业内部资源等，制定富有远见、切实可行的发展战略目标，实施战略管理，以便对市场的不确定性做出快速灵敏的反应。

战略是为达到企业组织的目标而采取的行动方式和资源配置。战略管理就是将企业组织的技能和资源与外部环境和机遇匹配，进行决策和实施，达到获取竞争优势的管理。战略管理集中于企业经营活动的方方面面，针对多变的环境，着眼于未来，具有全局性、长远性、创新性和风险性等特点。

对企业的竞争优势实施战略管理，其过程包括六个组成部分：

①确定宗旨、远景、目标，就是确定企业组织基本的经营目的和价值取向，描述企业前进的方向和企业的最终目标，并将企业的宗旨、远景和目标传递给与企业有关的每一个人，以实现认同，增强企业的凝聚力。

②外部机遇与威胁的分析。这是对企业的外部环境进行分析，包括宏观经济分析、行业和市场分析、竞争者分析、政府和监管分析、社会分析、人力资源分析、技术分析等。通过对外部环境的分析，发现企业的市场机会和潜在威胁，确定企业在市场竞争中的战略定位，将威胁转变成机遇。

③内部优势和劣势的分析。这是对企业内部主要职能部门及资源的优势和劣势进行评

价。内部分析使战略决策者对企业的技术储备、资源储备和职能储备部门的运营水平有全面的了解。企业内部资源分析，包括对研究与开发、财务、人力资源、生产运作、市场营销等的分析。有效的内部分析可以使企业弄清自己的优势和劣势，弄清企业如何通过资源进行竞争。只有在一定条件下，资源才能成为竞争优势的源泉。如果资源成为为客户创造价值的工具，那么资源就带来了竞争优势；如果资源稀缺且难以模仿，则会成为竞争优势的源泉；如果资源被有效地组织在一起，就能增强企业的竞争优势。如果资源是有价值的、稀缺的、不可模仿的和有组织的，它们就可以被看作企业的核心能力。企业拥有了核心能力，也就拥有了竞争力。

④SWOT分析与战略形成。SWOT分析是指对企业的优势（Strengths）、劣势（Weaknesses）、机遇（Opportunities）和威胁（Threats）的比较。SWOT分析是帮助管理者概括主要的事实，并在企业外部和内部分析的基础上进行预测。在此基础上，管理者认识到企业面临的主要和次要问题，进行最适合的战略选择。可供选择的战略有成本领先战略、差别化战略、目标集聚战略。成本领先的优势在于有利于建立起行业壁垒，有利于企业采取灵活的定价策略，将竞争对手排挤出市场；差别化战略就是利用企业具有的独特性，建立起差别竞争优势，以对抗竞争对手，并利用这种优势所带来的较高的边际利润补偿因追求差别化而增加的成本，保持企业有利的竞争地位；目标集聚战略是主攻某个特殊的细分市场或某一种特殊的产品，其优势就是能够以更高的效率、更好的效果为某一狭窄的战略对象服务，从而在某一方面或某一点上超过那些有较宽业务范围的竞争对手。企业应以核心能力为基础进行最适合的战略选择。

⑤战略实施。企业选择、制定了合适的战略后，最重要的是管理者必须保证战略的实施是有效果，并且是有效率的。这就要求企业各层次的管理者都能够参与战略的制定、识别和实施，还必须得到合理的组织结构、技术、人力资源、信息系统、激励机制、领导风格、企业文化等全方位的支持。

⑥战略控制。战略控制系统是为评估企业战略过程而制定的系统，战略控制的目的是保证战略目标能够顺利实现。当企业行为偏离战略计划时，则采取纠正行动。战略控制系统必须鼓励与计划一致的有效行动，同时还要能够适应变化的情况而采取灵活的行动。控制系统包括绩效指示器、信息系统和具体的监督机制。

通过对战略管理的分析和描述，可以看到：战略管理的核心是在变幻不定的环境中确定企业的发展领域和方向，是在市场调研、分析、预测的基础上，确定企业发展战略，搞好市场定位、新产品开发，做到经营决策快、产品开发快、投放市场快、资金周转快。企业要适应不断变化的环境，制定出适应市场变化的战略目标，就需要富有变革和创新精神的企业家不断运用新产品、新技术、新材料、新设备，开拓新市场，不断革新企业的组织与管理。在世界竞争力评价指标体系中，评价企业战略管理能力的指标有企业家精神与创新精神、企业高级主管从事国际经营的经验等。

（二）企业组织结构

1. 企业组织结构概述

企业竞争力的大小，主要表现在能否对宏观调控和市场信号做出灵敏反应，以便企业能迅速地调整竞争战略，这与企业设计、采取何种类型的组织结构具有密切的关系。

组织结构是表现组织各部分排列顺序、空间位置、聚集状态、联系方式以及各要素之间相互关系的一种模式，是执行管理和经营任务的体制。它的内涵是人们在职、责、权方面的结构体系，主要包括：

第一，职能结构，即完成企业目标所需要的各项业务工作及其比例和关系。

第二，层次结构，即管理层次的构成，是组织的纵向结构。

第三，部门结构，即各管理部门的构成，是组织的横向结构。

第四，职权结构，即各层次、各部门在权力和责任方面的分工及相互关系。

组织结构犹如人体的骨架，在整个管理系统中起着框架和保护的作用，有了它，系统中的人流、物流、信息流才能正常流通，使组织目标的实现成为可能。

2. 企业中不同组织结构类型的优劣势

组织结构由于集权和分权程度的不同，可划分为相对集权的"机械"组织结构和相对分权的"有机"组织结构。现代企业的组织制度表现为公司制和集团制，其组织结构则表现为事业部门型组织结构和控股公司组织结构。这两种类型的组织结构都实行产权、经营权分离和内部分权机制，但又各有其优势和劣势。

①集权的职能制组织结构，简称 U 型结构，其特点是权力集中于企业最高管理层，实行等级化集中控制。企业的生产经营活动，按照职能不同，分成若干垂直的管理部门，每个部门实行职能分工，并直接由最高主管协调控制。

U 型结构的优势在于：分工严密，职责明确，实行专业分工，有较高的工作效率。但又有其缺点，如过度集权，适应性差，不易于企业内部培养管理人才等。U 型机构只适用于小规模、产品单一、市场销售较稳定的企业。

②事业部制组织结构，简称 M 型结构，其特点是按计划统一分配资源，市场的特点是按价格机制分配资源。公司的业务按产品、服务、客户或地区划分为事业部门，公司总部授予事业部门很大的经营自主权。事业部门下设自己的职能部门，如生产、销售、开发、财务等，独立核算、自负盈亏。每一个事业部都是一个利润中心，公司的管理方式是"集中决策，分散经营"。

M 型结构的优势在于：既有较高的稳定性，又有较高的适应性；能充分发挥各事业部对经营管理的积极性、主动性，又有利于公司总部摆脱具体事务；有利于培养出全面的管理人才；由于每一个事业部是一个利润中心，便于建立考核部门绩效的标准。但事业部制也有其缺点，如滥用资产、机构臃肿、资源流动困难等。

③控股公司型组织结构，简称H型结构，是通过母公司对子公司进行控股并管理的一种内部分权组织形式。H型结构的特点是：以资产关系为纽带联结母公司与子公司的关系；子公司在法律上是具有法人地位的独立企业。

H型结构的优势在于：由于母公司同子公司在法律上各为独立法人，母公司无须承担子公司的债务责任，相对降低了经营风险；子公司无法依赖母公司，使子公司有较强的责任感和经营积极性。其缺点是母公司对子公司不能直接严密控制；母、子公司都须纳税。H型组织结构适用于跨行业多种经营的大型集团公司。

④反应型组织。上述的U型、M型和H型组织结构是正规结构，是组织内部对工作的正式安排。同时，在现代瞬息万变的企业环境中，反应能力快速、灵活和适应变化需求的能力，对企业保持竞争优势和提升竞争力也是至关重要的，因此，企业应建立起反应型组织。

反应型组织主要是对组织规模、环境、技术及战略的变化做出反应，使组织能够迅速得到调整，适应变化。如网络组织、学习型组织、团队组织、战略联盟、柔性制造组织、高参与组织等都属于反应型组织，是非正规组织结构。这类组织结构具有快速反应能力、创新性、潜在的柔性和极强的适应性，为企业创造竞争优势。网络组织具有快速反应能力，并降低成本和风险；团队组织能增强员工的凝聚力，是企业生产力、质量、成本节约、速度、变革和创新的力量；战略联盟组织能更好地开发新技术、进入新市场和降低制造成本；学习型组织使自身比竞争对手学习得更快，更具竞争优势；高参与组织是通过员工和管理者共同工作实现企业目标来激发高度的参与和承诺，完成复杂的创造性的工作，在创新和速度上超越竞争对手。

以上各种组织结构都有自己的特点和优势，企业应根据自身的状况以及环境的变化不断地选择、改变、创新最具竞争力的组织结构。反映企业组织结构方面竞争力大小的指标主要有公司董事会作用、公司规模等指标。

第四节　我国企业的管理创新实践

加强科学管理是提高企业经济效益的根本途径。我国是一个文明古国，在五千年漫长的历史中，中华民族创造了光辉灿烂的物质文明和精神文明。祖先在改造自然、治理国家的实践活动中，经过长期艰辛探索，创造了很多管理办法，积累了丰富的管理经验。这些管理经验既有微观的治生之学，也有宏观的治国之道，涉及诸子百家、经史子集、名家文论等各个方面。

这些管理思想内涵十分丰富的经典作品，值得我们深入分析研究，以期从中获得启示。

我国企业的管理创新，需要挖掘、研究蕴藏在民族文化遗产中的管理思想和管理经验，批判地继承，吸收其精华，并在现代管理理论研究和实践中加以融合和创新。

一、博采众长

博采众长，大胆借鉴外国现代管理理论和经验。第二次世界大战以后，西方主要发达国家进行了两次企业管理革命：第一次管理革命主要是以日本企业为代表的工业化高级阶段的管理创新，着重点在质量，建立了经济增长的质量模式；第二次管理革命主要是以美国企业为代表的探索知识经济条件下企业管理的新途径，着重点在速度，开展了"企业再造"运动。随着信息技术的迅速发展，国外企业在组织规模、产品结构、技术装备、信息处理、人员素质等方面都发生了全面深刻的变化，在亚当·斯密劳动分工原则下建立的一系列生产、经营的管理方式和管理方法不断向科学化、现代化、信息化发展。

随着企业发展趋势的变化，企业管理的新趋势也随之产生：管理中心人本化、管理组织扁平化、管理权力分散化、管理手段信息化；各种管理新方法也应运而生，如重新设计企业流程、及时生产、灵活生产、横向管理、柔性制造、组织修炼、团队建设等。

国外的这些管理理论、管理技术和管理方法都是人类智慧的结晶，要根据国情，弃其糟粕，取其精华，融汇提炼，为"我"所用。

二、适应市场

适应市场，增强企业的应变能力。当前，我国企业面对的市场环境发生了很大的变化，我国的市场已由卖方市场转变成为买方市场；与国际市场的联系日趋紧密，经济发展的对外依存度明显增加；市场化程度大大提高，市场细分化逐步加强，市场从不规范到逐步规范，市场竞争日趋公平和更加激烈，信息化和经济全球化也从根本上改变了企业的内外关系。市场环境的这些变化将会带来一系列现代经营管理上的问题，如市场预测、消费者行为的分析、对竞争对手的应战策略等。企业必须就经营目标、内外部环境以及同环境的积极适应等问题进行谋划和决策，制定企业发展的方针和目标，以实现企业环境、企业能力、企业经营目标的动态平衡和统一。企业管理必须在抓好生产管理的同时向两头延伸：向后延伸到产品营销和售后服务，把产品设计开发能力、市场营销能力"两头小"而生产环节"中间大"的橄榄型管理体制，转变为"两头大、中间小"的"哑铃型"管理体制。从市场出发，按市场需求实施生产、销售、服务、信息反馈、科研开发的全过程管理；要把市场机制引入企业内部，运用市场规律优化资源配置，盘活存量资产、加快技术进步、提高运作效率，切实把企业工作的基点落实到以市场为中心的思路上来。企业管理的重心也必须紧紧围绕市场和竞争环境的变化，制定企业的应战策略，提升企业的应变素质。适应市场，增强企业的应变能力，需要注意如下方面：

（一）要具有国际化经营意识

21世纪是全球经济一体化的新时代。生产的国际化、市场的国际化、消费的国际化，使许多企业的发展都离不开国外市场的开拓和先进技术的引进和利用。可以说，企业经营管理的国际化，跨国公司的发展，对每个企业和世界经济的发展都起到巨大的作用。

（二）应当树立危机意识

要认识到，生存危机能激发企业的成长机能。

（三）要不断地把握市场竞争变化的规律

消费者对产品性能和质量要求的差异化，技术进步的快速化，市场竞争的激烈化，都会为企业成长提供新的机遇和空间。机遇对众多的企业来说是公开的，具有普遍性，但具体到每个企业能否有效地把握它和利用它，却有着特殊性。实践证明，企业为了掌握未来市场变化的规律，要对市场做出迅速灵敏的反应，特别是对市场可能出现的机遇要进行分析研究。例如，通过对市场竞争者和消费者情况的了解和认识，以分析可能出现的机遇；对用以应付的可能出现的机遇的企业优势和劣势进行预测。企业要正确利用机遇，必须进行寻机管理，提出可能采取的对策和方法；对机遇采取或不采取对策所产生的预期结果要进行分析，以便为利用机遇做出最后决策。只有那些能预见到市场变化规律而超前采取寻机管理的企业，才能引导消费者的消费趋向，取得好的经济效益。

（四）实施灵活多样的弹性化管理

由于经济结构的变化，消费者需求多样化，过去的企业是围绕着物品和资金流动组织起来的，而现在则变为围绕着信息的流动来组织，这样，管理格外需要富有弹性和适应性。弹性管理是在扎实的基础工作、完善的管理制度和精细管理操作前提下的延伸和发展。它是在现有管理根基上因情景变化的创新。对我国的企业来说，应当在搞好现有管理工作的同时，密切关注管理工作正在发生的这种弹性变革。

三、以人为本

以人为本，注重人才开发，增强企业整体创新能力。人本管理是20世纪60年代提出的，到了20世纪80年代已受到国内外企业的普遍重视。

企业的管理创新是以人为本，依靠人完成的创新活动，是以企业家为主导的职能性创新，以企业员工为主体的全员性创新。企业管理创新的成效直接取决于创新主体的创新精神和创新能力。

以人为本，注重人才开发，首先需要企业家有创新的激情，发挥主导作用。因而加强企业家素质、知识、才能、风险意识和创新精神的培养刻不容缓。高素质企业家短缺已经成为制约企业竞争力的最大因素。我国国有企业领导人大部分是由政府部门选派的，很多人的创新动力和创新能力不足，当务之急是从制度上使企业经营者职业化，并真正向企业家过渡。同时必须建立完善的考核制度，形成与现代企业制度相适应的激励和约束机制，即建立科学的企业家制度。

当前，人本管理普遍推行，企业员工已成为企业管理活动的主动参与者，没有企业员工的理解、支持与参与，企业管理创新是无法取得成功的。企业家要尊重员工、关心员工、依靠员工、激励员工，发挥员工的主观能动性，激发职工的创造热情。要加强全员职业培训，提高其专业技能和文化素质，提倡、鼓励、促进形成企业成员的学习、创新欲望，形成一种集体的创造力和创新能力，使企业成员积极投身到管理创新中来。

以人为本，注重人才开发，增强企业整体创新能力，需要注意如下方面：

①在人力资源开发过程中，要从传统的人事管理进一步转向人才开发管理。企业人力资源是一个企业全体职工所具备的现实和潜在的生产能力。传统的人事管理视人力为成本，往往以事为中心，注重现有人员的管理；而人力资源开发把人视为一种稀缺的资源，是以人为中心，强调人和事的统一发展，特别注重开发人的潜在才能。人才开发管理除具有人力资源开发的特征外，更加注重人的智慧、技艺和能力的提高与人的全面发展，尤其是人的智力资源开发。未来企业的资本不仅是金钱，而是要求人的智能和发挥人才智能资本的作用。如果说传统产品属"集成资源"，而未来的产品则属"集成知识"，智能资本将导致"世界财富的一次大转移"，即企业的成功将从自然资源的拥有者转移到那些拥有思想和智慧的人的手中。也就是说，未来企业的发展，不只是靠设备好、技术强，同时要靠那些具有高智慧的人。

②加强职工培训和继续教育，注重智能资本投资，开发职工的创造力。企业需要具有创造力的能人治理。美国通过开发人的创造力得出结论，受过创造力开发训练的毕业生，发明创造和取得专利的能力要比未经训练的人多三倍。

智能资本是指企业花费在教育、培训等人才综合素质再提高方面的开支所形成的资本，它比一般的人力资本投入会带来更长期的收益。因为智能资本和金融资本、物质资本不同，无法将它与所有者分离，它是人们原本拥有的技术、知识、能力和价值观的继承，它具有人才资本的积累性。

现代企业的发展不仅需要一定素质的劳动者，而且需要超出常人的、高素质的综合智能。用丰富的人才资本优势转化、替代物质资本、自然资源和技术的优势，势在必行。

③培育企业精神，把建设企业文化和塑造企业形象的活动引向深入。企业精神对我国的企业来说并不陌生，而企业文化和形象建设是20世纪80年代以来企业管理理论丛林中分化出的一种新理论，被人们称为管理科学发展的"第四次革命"或新阶段。

文化与形象建设的深化，主要应在以下方面努力：

第一，致力于企业价值观的塑造。因为企业文化的核心是企业精神，企业精神的核心是企业的价值观，企业形象识别系统的核心是企业的理念识别系统。企业的价值观是企业广大职工对客观事物、对自己从事生产经营活动意义的看法和总评价，是劳动者的价值观念在生产和生活中的沉积，它对构成企业文化、企业形象的诸要素，即企业的经营宗旨、经营战略和职工的行为规范等起着导向和决定作用。

第二，注重突出本企业的气质个性。在未来国内外市场竞争日渐激烈的情况下，企业自己的经营没有特色，产品没有特性，管理没有气质，不能使广大消费者感知到与其他企业的差别，将很难自立于国内外市场。

当前，我国企业在这些方面存在的问题，主要是对企业精神、企业文化、企业形象建设内容的归纳和升华雷同化，没有自我个性，所以成效不大。为应对未来的竞争，必须改变这种状况。

总之，就我国企业改革而言，必须注重管理创新，坚持"管理创新、制度创新、技术并举"的方针，在深化体制改革中推动管理创新，在坚持技术进步中注重管理创新。只有这样，才能提高企业整体管理水平，从而更快、更好地促进企业生产率、经济效益的提高及企业集约化规模的扩大，实现微观经济的发展，促进宏观经济增长方式的转变，推动整个国民经济快速、持续、健康地发展。

第五章 人力资源战略与组织设计

第一节 组织设计在人力资源战略管理中的重要性

一、企业组织及其作用

企业组织是社会发展过程中劳动分工的产物,是在目标条件下形成的人的有序集合。组织有广义与狭义之分。一般的组织泛指各种各样的社团、企事业单位,它是人们进行合作活动的必要条件。管理学中的组织是指人们为了实现一定目的,以工作流程、信息流程为基础,通过分工与协调,将承担一定责、权的人整合起来的工作群体。这个概念包含了以下的含义:

①组织有一个共同目标。

②组织是实现目标的工具。巴纳德认为,组织是由两人或两人以上,用人类意识加以协调形成的活动或力量系统,这种"协调活动"依据系统原理,使系统中的各种要素相互协调配合,产生"综合效应",保证组织目标的实现。组织目标是否能够实现,就要看组织内各要素之间的协调、配合程度,其中很重要的一个方面就是看组织结构是否合理有效。

③组织包括不同层次的分工协作。组织为达到目标和效率,就必须进行分工协作,把组织上下左右联系起来,形成一个有机的整体。

企业的产生和发展是生产力发展和社会进步的结果,又是促进生产力发展和社会进步的重要因素。人们通过在企业内的分工、协作可以实现知识和技能的扩散以及相互补充。人们在企业内协同工作的过程中,以形成独特的企业文化,企业文化又会增强企业团队的士气和凝聚力,有利于实现既定的目标。企业作为工作群体,向社会提供产品或服务而获得收益,通过分配直接满足企业员工的各种需要。企业组织在人类社会发展过程中发挥了重要的作用,管理者为了更好地发挥企业组织的作用,根据不同时期、不同条件的需要进行组织设计,使企业的组织结构适应企业发展战略的需要。正是从这个意义上说,组织设计是人力资源战略管理的重要内容。

二、企业组织设计

组织设计是关系组织营运是否顺畅，人群互动关系是否良好，企业战略目标能否顺利实现的重要问题。面对激烈的市场竞争，企业要想立于不败之地，获得高效的发展，就必须做好组织设计，并根据企业存在的环境和条件的变化对企业的组织结构适时进行调整。

（一）组织设计及其内容

组织设计是对组织内部的劳动分工、沟通协调、责任权力、管理层次及其相关控制体系的结构进行判断和选择，以便达到组织目的的过程。现代意义上的组织设计是一个动态的系统。可以从以下四方面认识组织设计：

①组织设计就是管理阶层设计一个正式的组织结构，使其能最有效地运用组织内的各项资源。

②组织设计就是建立、整合企业的各层次领导者系统。

③组织设计也在于建立工作团队的功能、工作、任务，以及员工之间的协调配合关系。

④组织设计是工作团体的管理者将各项任务予以细分，并进行必要的授权，以使任务完成。

不管上述观点从哪些角度予以分析，我们均可以看到：组织设计是企业中一个动态的工作过程，包含了众多的工作内容。组织设计的基本任务和目的就是如何根据设计的内在规律发挥管理者的群体作用，有效地管理复杂多变的对象，发挥整体大于部分之和的优势，使有限的人力资源形成综合效果。

（二）组织理论与组织设计观

1. 组织理论及其演进

组织设计是在组织理论的指导下进行的。和其他任何理论一样，组织理论也是在一定的环境条件下产生的，并随着环境条件变化而发展。从第一次技术革命产生以来，人类社会共出现四次技术革命，即生产过程的机械化、电气化、自动化和智能化。这四次革命对组织的生产过程、组织结构和管理理念产生了深刻的影响，前三次主要是对机械技术的改变，由于机械技术具有分工明确、操作程序化和功能单一的特点，所以出现了与此相适应的标准化的层级结构，对员工的要求只是调动工作积极性以提高劳动效率，组织理论也由传统的组织理论、行为组织理论发展为现代系统权变的组织理论。而第四次智能技术革命提高的不单是劳动效率，更重要的是智力活动效率的提高。因此，对员工创新精神及智能的开发成为组织制胜的关键。由于智能技术具有分工不明确、操作非程序化和互动的性质，所以对规范的层级结构提出了严峻的挑战。此外，组织内部成员的构成也发生了变化，脑力劳动者比例不断上升并占主体地位，使组织采用信息技术和专业知识技术的能力不断加强，范围不断扩大，应对环境变化的能力也在不断提高。所有这些，都迫使组织结构必然发生变化。自 20 世纪 80 年代以来，组织流程再造、虚拟组织、学习型组织、团队组织、网络组织等新的组织形式不断涌现，将组织管理重点由物质层次、管理层次转向意识层次，强调组织文化在组织发展中的作用成为组织理论新的发展趋势，也体现了组织设计理念由机械式向生态型的演变。

虽然企业存在的环境条件的发展变化使组织理论形成了复杂的门类和派系，但组织和组织管理的研究均是从经济学和管理学角度着手，分别沿着社会环境中组织之间的关系和组织内部的结构与协调两条主线，来探讨组织结构、组织行为和组织绩效等方面的内容理论体系。

2. 组织设计观的演进

伴随着组织理论的发展，组织经历了不同成长阶段，组织设计观也在不断地演进。早期的组织学家对组织设计的观点应上溯到"科层体系"。近代组织学家对此项理论加以延伸和强化，形成一个结构严谨的机械式组织设计观。随着人在企业中作用的不断增大，以"科层体系"为代表的机械式组织设计模式不断受到批判与修正。直到 1938 年，组织设计理论才发生了根本的转变。组织设计的研究主要朝着四个方向发展，即"开放系统""信息处理系统""权变观点"以及"生态学观点"，设计理念向面向全球竞争、授权于员工、朝向学习型组织变革等方向演变，组织之间的相互关系也将发展为资源依赖、种群适应、战略联盟关系。组织设计在结构、任务、系统、文化和战略五方面产生了转变：从纵向型结构向横向型结构转变；从执行常规的职务向承担经充分授权的角色转变；从正式控制的系统向信息高度共享的系统转变；从竞争型战略向合作型战略转变；从僵化型文化向适应型文化转变。

组织设计是一个系统工程，涉及方方面面的关系，其中最关键的，也是组织设计最为核心的内容是组织结构设计与调整，它是组织设计理念体现的载体和平台。管理人员在设立或变革一个组织的结构时，就是在进行组织设计的工作。当我们将组织结构的构成要素进行结合和匹配时，便能设计出各种形式的组织结构。

三、组织结构的基本概念

（一）组织结构的含义

组织结构是用来描述组织的框架体系。企业为了实现组织战略目标，而协调及控制企业在运作中涉及的目标、任务、权力、操作以及相互关系的系统。组织结构的本质是员工的分工协作关系，其内涵是人们在职、责、权、利方面的结构体系，有时人们将它简称为权责结构。

企业是以营利为目的的经济组织，它要实现高效率运转，单有一个良好的管理架构是不够的，还必须有一套系统的运行制度和方法。因此，现代企业的组织结构，全面包括了组织框架结构本身的设计及结构运行机制（包括制度）两方面。目的是要使全体员工在实现企业战略目标的过程中，有秩序地协调配合。

（二）正确设计和调整组织结构的重要性

1. 组织结构直接影响组织管理、员工行为和企业的绩效

企业的组织结构不仅在很大程度上决定了目标和政策是如何建立的，还决定了企业的资源配置。它直接影响组织管理、员工行为、组织绩效等多个方面。相同的员工如果通过不同组织结构进行组合，他们所体现出的力量可能会有天壤之别。处于激烈市场竞争中的灵活性企业，是分权化、网络化的，以团队为中心、以客户为动力、扁平而精干的组织。在灵活性企业中，由于管理者和员工被授权去寻求改进的机会，引进为实现企业战略目标而共同努力的新举措，所以企业的组织结构经常处于变革之中。能够根据企业存在的环境条件及战略目标而变化的企业，一般都能抓住机遇，取得较好的经济效益和较快的发展。但这一点却常常被一些企业经营管理者所忽视，相当多的企业试图以旧的组织结构实施新的战略。这样的企业在实现企业战略目标的过程中必然遭受挫折，蒙受损失。

2. 企业发展的周期性要求适时设计和调整组织结构

组织成长具有生命周期，美国组织学家、哈佛商学院的教授格雷纳研究了组织成长中的演变与变革问题。在格雷纳看来，正在成长中的组织要经过五个清晰可辨的发展阶段。每一时期都要经历两个阶段，即演变与革命。演变是指在一个较长时间内没有大的改变，是一个渐进过程，而革命则是组织生活发生了重大改变。这说明，任何形式的组织机构，即使在最初设计时非常适合当时的环境，但都不可能无限期地适应，经过一定阶段顺利地发展、成长，都会产生动荡，出现新的问题。所以，组织结构必须重新调整、重新设计，否则，任何一个阶段的不适应，都可能导致组织的衰败。

3. 组织结构是影响企业战略目标实现的关键因素

灵活性企业调整企业组织结构的目的，是要寻找、选择与发展战略相匹配的组织结构。企业是按产品还是按职能设置组织结构，是按地理区域设置分公司还是按用户设置分部，是建立战略事业部结构还是采用更为复杂的矩阵结构，一切必须以与战略相匹配为原则，以提高企业沟通效率、激励员工参与为目标。在理想的企业结构中，思想自上而下流动又自下而上流动，思想在流动中变得更有价值，参与和对目标的分担比经理的命令更为重要。对特定战略或特定类型的企业来说，其应该有一种相对理想的组织结构。因此，创建与新战略相匹配的组织结构是战略顺利实施的重要保障。一个合理的组织结构指的是既能够适应环境需求，同时又具有内部平衡与有序性、一致性的组织结构。一个组织结构仅仅能够适应外部的压力是不够的，还必须能够保持组织内部一定程度的连贯性，以及各种职能和流程的整体性。

四、企业组织结构设计是人力资源战略管理的核心内容

战略管理关系着企业的发展方向和前途。它是基于对未来经济、技术和文化趋势的预测，着眼于企业未来的管理。战略管理强调企业在发展中的主动性和积极性，强调建立灵活、扁平的组织结构，以创新的理念或思维方式来实施变革，实现企业绩效的最大化。企业组织结构设计，是人力资源战略管理的核心内容。

（一）企业组织是人力资源战略管理的载体

企业组织首先是人的集合而不仅是物质要素的集合，企业组织是人力资源战略管理的载体。组织结构设计本身，就是人力资源战略管理的一部分。竞争性企业如果能够运行在一个富有弹性的，具有包含力的企业组织结构框架中，就能不断有效地寻求对环境制约的突破和自身的发展。

（二）企业组织结构是人力资源战略制定和实施中的重要内容

人力资源战略的制定必须考虑企业组织结构的现状，一旦战略形成，组织结构应做出相应的调整，以适应战略实施的要求。人力资源战略选择的不同，在两个层次上影响组织的结构：不同的战略要求开展不同的业务活动，这会影响管理职务的设计；战略重点的改变，会引起组织的工作重点及各部门与职务在重要程度方面的改变，因此要求对各管理职务及部门之间关系做相应的调整。

（三）组织结构设计关系到企业人力资源战略的成败

企业实施人力资源战略管理，就必须做好组织结构设计方面的工作。比如，企业管理框架如何设立，人员之间怎样进行沟通交流，怎样安排才能发挥最大效能，怎样通过工作、职位设计才能最大限度地增强员工的满足感等等，必须从战略管理的角度做出安排。这样企业组织各个管理层面和全体员工，才能明晰自己的岗位职责，为实现自己的期望愿景而努力工作，企业才能实现高效率运转；否则，就会导致企业管理人员和其他员工认识上的混乱，进而影响企业的正常运转和战略目标的实现。

综上所述，效率高、市场竞争力强的企业，必然是有合理的组织层次结构，各组织层次有适当能力的人力资源执行特定的职责和适合企业战略目标的企业文化的集合。组织是实施战略的载体，企业的战略目标，决定组织形成与发展的方向，以人力资源合理配置为主的适当的组织结构是支持企业实现战略目标的条件和资源保障。战略、组织、人力资源三个要素构成了企业管理的基础平台。战略决定企业的组织结构，反过来，组织结构对企业战略的顺利实施也有着重大影响。由于技术和竞争行为的变化，通常认为，对企业战略的威胁往往存在于外部。肯定外部变化的作用，是毫无疑问的。但是，对实现战略目标的更大威胁，往往来自企业内部。一个完全能够实现的战略目标，也会因为竞争观念的误导或组织结构设计的重大失误而变成泡影。企业的组织结构不仅在很大程度上决定了目标和

政策是如何建立的，还决定了企业的资源配置。在企业战略指导下的企业行为演变及其组织结构的相应演变，以新的组织结构支持新的战略，有利于使企业行为达到目标最大化。

第二节 竞争性企业的组织结构设计

一、"适当的"组织结构的特征

效率高、市场竞争力强的企业组织结构，称为"适当的"组织结构。"适当的"组织结构是指最适应环境的需求，同时又具有内部平衡与有序性的一种组织结构。设计"适当的"组织结构的要求很多，不同企业的要求又有区别，但判断企业组织结构是否有效并不难，只要抓住共同具有的基本特征就可以了。

（一）能使全体员工产生共同的愿景，激发企业职工的创新精神

能产生共同愿景的组织结构，是指能正确反映企业战略目标，具有为企业员工提供共同愿景的聚焦作用的组织结构。企业员工通过为实现共同愿景的努力，实现人力资源效能的最大化，这种共同愿景就是激发企业职工创新精神的重要因素。企业以这种共同愿景作为企业长期营运的指针，就可以增强企业团队的凝聚力和竞争力，进而有利于企业战略目标的实现。

（二）能适应迅速变化的国内外市场

"适当的"组织结构，应当是柔性的、有学习能力的组织结构。因为只有这样的组织结构才能在复杂多变、竞争激烈的市场经济中不断地调整与完善自身的结构和功能，提高在变化的环境中生存、维持和发展的灵活性及适应能力，不断地对组织结构进行创新，使组织得到更好的发展。

（三）组织战略设计注重对员工进行能力开发，能提供足够的人才开发空间和弹性

高知识构成的现代企业，其员工追求的已不仅是稳定的职业和较高的收入，而是追求能力开发与职业发展、民主参与管理、独立与合作的匹配等。在具有"适当的"组织结构的企业中，部门结构和职位的设计应具有弹性，注重培训管理和岗位轮换，工作扩大化及丰富化，注重员工的柔性流动，重视和利用非正式群体，以信息沟通取代监督命令，将精神与物质激励并举，提高员工的工作、生活质量，促进组织成员自我成长和发展成熟的人格，注意管理松紧适度，为人才的流动与开发提供足够的弹性和空间。

（四）能促进企业可持续发展

"适当的"组织结构的管理者，将生态学观点引入了组织设计的原理之中，以生态学

来诠释组织设计应坚持的基础和主张。在设计组织结构，谋划企业长期发展战略时，以维持组织与环境间的"生态平衡"作为组织结构设计的基本要求，这是组织在变迁频繁的环境中谋求的生存之道。来自外部环境的竞争日趋激烈，这迫使组织必须调整自己的战略，避免短视，从长远利益出发，对组织中的人力资源、资本资源、物质资源和信息资源进行战略规划，使组织能实现可持续发展，长期立于不败之地，这是组织战略设计的核心任务和终极目标。比如，很多企业都注意利用平衡记分卡等一系列衡量指标，克服企业短期行为。

（五）能适应企业所处发展阶段的需要

企业在其生命周期的不同发展阶段上，对组织结构的需要是不同的。处于创业期的企业，缺乏雄厚的资金和成熟的产品或服务，要在激烈的市场竞争中站稳脚跟，必须有较高的运作效率和对外界较快的反应速度，企业在创业时期需要高度集权的简单直线式或直线职能式组织结构，企业老板对员工的观察和控制都很直接。在进入成长期后，市场竞争愈加激烈，企业更关注投入资源的回报率、竞争优势的培育以及成本的不断降低，这就对管理模式、流程设计、责权利的明晰、职能与部门划分的合理性有了更高要求。到了成熟期或者二次创业阶段，企业更关注内部控制，关注企业持久经营，因此，安全功能就在组织结构管理中得到了强调。所以，"适当的"组织结构应当能够适应企业所处发展阶段的需要。

二、组织结构设计的原则

要设计出"适当的"组织结构或者随着环境和条件的变化调整企业的组织结构，使之能保持与环境间的"生态平衡"，在进行组织结构设计或组织结构调整时，应遵循以下原则：

（一）实现企业战略目标

实现企业战略目标原则是指企业的组织结构设计或调整，必须围绕企业的战略目标展开工作，并为实现企业战略发展目标服务。企业的组织结构设计是企业人力资源战略管理的核心、关键环节。企业实行人力资源战略管理，就是为了实现企业发展的战略目标。企业的组织结构设计作为人力资源战略管理的核心内容，必须围绕企业的战略目标展开工作，并为实现企业战略发展目标服务，这是组织设计总的指导原则。

（二）精简效能原则

精简效能原则是指企业在设计或调整组织结构的时候，应当在坚持实现企业战略目标的前提下，做到机构精干，人员配置合理，管理效率高。在产品适销对路，质量稳定可靠，市场逐步打开的前提下，企业成本低廉，经济效益高，是在激烈市场竞争中制胜的根本保证。而机构精干，人员配置合理，管理效率高，正是企业降低成本最重要的措施。所以，企业在进行组织设计的时候，必须坚持精简效能原则。

（三）统一管理，专业分工与协作原则

与当代新的竞争环境相适应的企业组织结构应当有利于企业迅速、灵活适应市场的要求，不断完善和创新企业的产品和服务。而完善和创新企业的产品和服务需要使资金、技术、信息、知识、人员等资源在企业内合理流动和配置，需要发挥企业协同和创新的整体合力。只有实现了统一管理，才能克服分散主义和小团体利益至上的弊端，大大提高企业的整体竞争力。

现代企业是分工高度发达，各部门、工序、工种专业性强，而且相互依存度高的经济组织。只有重视分工的发展，才能进一步提高职工工作的精度和质量。只有强调协作，企业各部门、工序、员工才能协调作战，提高效率，避免因不同环节之间工作脱节引起停工等提高产品成本，降低企业竞争力的事情发生。

同时，随专业化分工的发展，各专业管理部门之间，会在管理目标、价值理念、工作导向等方面产生一系列的差异。"适当的"企业组织结构设计，注意调整不同层次管理部门的集权和分权的关系，既有利于企业统一领导，使部门间协作配合，加强横向协调，又有利于专业化分工的发展，提高工作效率。

（四）责、权、利相结合原则

企业是以营利为目的的经济组织，企业的管理者和员工也都有自己的经济利益，他们都希望在运用企业管理者赋予的权力，履行自己的责任的条件下，实现自己的经济利益。所以企业在设计或调整企业组织结构的时候，应当坚持权、责、利相结合的原则，使职工在经济利益的引导下，进一步发挥工作的主动性和创新精神。

（五）稳定性与适应性相结合原则

组织的稳定性是开展正常活动的前提条件，但组织的外部环境和内部条件会经常发生变化，这就要求组织有良好的适应能力，克服僵化状态，能及时而方便地做出相应的改变，以适应内外环境变化后出现的新情况、新要求。因此，企业的组织设计必须是一种战略活动，以企业发展的长远趋势为依据，使企业组织结构的生命周期变长。同时，为了适应环境和条件的变化，企业可以对组织结构进行微调，从而避免大的动荡。

（六）执行和监督分设的原则

企业要高效率运转，离不开有效的监督。执行职能和监督职能分开，有利于监督职能充分发挥作用。而执行机构与监督机构分设，是执行职能和监督职能分开的组织保证。如质量监督、财务审计等工作应与生产执行部门分设等。

三、影响组织结构设计的因素

（一）企业发展战略

在社会经济生活中，企业发展战略与企业组织结构设计相互配合的例子比比皆是。当企业实行创新战略时，其产业结构设计强调企业结构有利于引入新技术或劳务。当企业实行低成本策略时，其产业结构设计强调企业结构有利于严密控制成本，减少不必要的创新或行销费用，以及产品或服务低价推销等。当企业实行模仿战略时，其产业结构设计强调企业结构有利于从人力资源市场引进熟练的技工等。创新战略，需要有弹性的组织结构；追求低成本的企业战略，需要有效率而又稳定的机械式结构；模仿型企业战略，则两者都需要。机械式结构有助于控制及降低目前活动的成本，但当公司进入新领域时，也需要有弹性的组织结构。

（二）组织规模

企业规模从人力资源战略管理的角度看，是指组织中员工的人数。组织规模的大小也是影响企业组织结构的一个重要的关联性因素。大型企业为了防止管理上的混乱，往往需要一个标准化的、机械性的组织结构来完成复杂的工作任务；小企业的组织结构则相对灵活，这种灵活性是它们成功的一个关键因素，但由于小企业自身的劣势，它们又总是在寻求成功的同时不断扩大组织的规模。一般地说，随着组织规模的增大，小规模状态下松散的组织结构会变得不再适应，这时企业往往会随着自身的成长壮大向注重层级制的机械结构转化，即向"官僚制转化"。从上面论述中不难看出，组织规模对组织结构具有必然的影响力，它的改变会导致组织结构的改变。

（三）技术

此处的技术是指企业在生产经营过程中所应用到的各种知识、技能及设备等，不仅包括生产工艺技术，而且包括企业管理技术。企业的技术水平，在不同的层次、不同的角度，对企业组织结构产生影响的方式也不一样。与不同的技术类型部门相适应的结构形式，有很大的差别，其规律性在于，随着工作多样化和可分解性的降低，工作的规范化程度降低，集权程度降低，所需员工的技能水平提高，沟通频率增大，沟通方式趋向横向口头沟通，总体结构的有机性程度提高。

（四）外在环境

企业外部有多种因素，从不同的角度，影响企业组织结构设计和调整。其中影响较大的外部环境因素有：企业所处的行业、企业产品或服务的供给方与需求方、政府的宏观经济政策和调控手段、社会文化环境、国际政治经济环境等。企业在进行组织结构设计时，要使所设计的组织机构的内部特征与外部环境相适应，这是关系企业生存与发展的重大问题。对竞争性企业来说，组织的外部环境越是复杂和多变，组织结构设计就越要强调适应性，其中包括增加组织结构的柔性等。

（五）权力与控制

越来越多的研究显示，权力与控制对企业组织结构的影响力，几乎占全部因素影响力的40%。如同一个行业内的不同组织，所面对的内外环境比较接近，但为何有不同的组织结构？除了前面的四个原因外，关键在于组织的掌权者会根据他们自己的意志对企业战略进行选择和对与其战略相适应的组织结构进行选择。所以企业组织机构设计，必须按掌权者的意志进行。

（六）组织的成长周期

组织的成长周期也会影响组织结构，企业在不同的发展阶段都有与之相适应的组织结构形式，在特定的企业发展阶段中，一定的组织结构，可以使企业稳步发展。当企业成长到更高的阶段时，原有的组织结构，就不再适应企业继续发展的需要了。这时，企业需要新的组织结构、新的规章制度来继续促进其成长，当组织完成了组织结构的转换，原有的危机得到了解决，企业又进入了一个新的发展阶段。

此外，法律、领导者的个人因素也会影响企业组织结构的设计与调整。

四、企业组织结构设计的步骤和方法

组织结构设计是一个动态的工作过程，包含了众多的工作内容，因此，只有科学地进行组织结构设计，根据组织内在规律性有步骤地进行，才能取得良好效果。

组织结构设计通常有三种情形：一是新设立的组织需要进行组织结构设计；二是原有组织结构因内外环境变化需要评价和设计；三是组织结构须进行局部的调整和完善。但无论何种情况，组织结构设计的基本程序是一致的。这个过程一般分为六个步骤：

（一）明确企业发展的战略目标

企业发展的战略目标是组织结构设计的出发点和依据。组织结构设计首先要正确理解企业发展总体目标，然后对目标进行分解，明确企业为实现总体目标应当做好哪几个方面的工作，进而拟定所要达到的目标，也就是拟定总体目标的派生目标。

（二）明确实现目标所必需的各项业务工作并加以分类

企业发展的整体目标通过制定和实施派生目标得以实现，而派生目标的实现是包括管理工作和业务工作等在内的多项工作协调配合的结果。所以在拟定派生目标后，必须进一步明确为实现派生目标所必须完成的各项工作，并将这些工作进行科学分类，进而确定各类工作之间的相互关系。

（三）设计企业的管理系统，确定不同层次部门之间的报告关系

根据为实现派生目标必须完成工作的分类，设计企业的部门结构；根据各类工作之间的相互关系确定不同层次部门之间的报告关系，从而建立贯穿企业的权力、职责、利益结构。

（四）设计部门的人力资源结构

盘点企业人力资源。选拔有丰富的经验、熟悉业务，有判断能力和决策能力，风格鲜明、拥有良好的群众基础的管理者担任企业核心领导者；选拔有头脑、有经验，能坚持公司信念、融入企业文化的人，担任各部门、各层次的主要管理者（负责人）；将进行业务活动所需的职权授予各部门的负责人，由此形成职务说明书，规定该职务的职责和权限；按照各类人力资源的业务特点，将他们配置到各部门的不同工作岗位上去。

（五）设计企业的运行机制和制度体系

企业中的各个部门必须通过一定的运行机制有机地组合在一起，才能够发挥最大效能，有效地实现组织的最终目标。企业运行机制的有效程度，取决于企业是否建立健全科学有效的规章制度。所以，企业的运行机制和制度体系是企业组织设计的重要组成部分。

（六）完成组织结构的整体设计

通过职权关系和信息系统，把各部门的业务活动上下左右紧密联系起来。建立组织结构图，完成组织结构的整体设计。同时，企业还应建立数据库，记录好历史数据，为将来的组织结构的调整做准备。

五、竞争性企业组织结构发展的新趋势

创新的战略发展思路必然导致对企业组织结构的战略性设计和调整。传统的企业组织形式，是为了适应大工业生产体制，即订制化、大批量流水线作业而设计的，其代表性的组织形态有等级制结构、职能制结构以及对这两种结构进行改良的事业部结构等。这类组织形态实现了劳动量划分、权力链划分，它追求企业组织的规模精干、职责分明、专业化分工和有效控制，但同时也在企业内部造成了横向和纵向的组织边界，阻隔了企业内部的沟通与协作，对提高市场反应速度十分不利。知识经济时代，新的竞争环境，要求企业组织机构必须有利于企业灵活地适应市场变化，通过整体协同和创新提高企业的市场竞争力，以实现企业在激烈竞争中快速发展的战略目标。而这是传统组织结构形式无法实现的。为此，企业界提出了"7S"的组织结构设计思路，其核心思想是充分发挥组织中人的能力，消除内部边界，体现了当代人力资源管理战略思想的发展趋势。

（一）组织结构软化

竞争性组织是具有垂直的解集作用、内部和外部经纪人（代理人）制、敞开的信息系统，以及市场机制取代行政机制的组织。其核心内容是通过电脑化信息系统技术，在企业

内外建立广泛的联系，同时应用市场机制来糅合一些主要职能，以求实现企业发展的战略目标，这体现了组织软化的特点。

第一，组织软化要求组织结构小型化、简单化，甚至有人认为"小即是美"。奉行此原则的学者认为：

①如果组织结构过于复杂庞大，则不符合人的本性。组织的小型化，更能使人感到工作与本人的关系密切，使个人的作用与贡献发挥得更完备。

②组织小型化，便于领导下放权力，且不容易引起混乱局面，既有利于调动下属的积极性又便于控制。

第二，组织软化还可以使组织成员的活动方式由刻板正规化向灵活多变转变。在过去的组织中，人与人之间等级分明，人的活动受到严格的控制。而在新组织中，组织成员的任务不做严格的规定与说明，工作程序不做明文规定，而是通过开发机制及社会心理机制来调动人的积极性。人与人之间的等级差异也较少，权力由集中走向分散，沟通显得更为重要。

（二）组织结构扁平化

组织结构扁平化是指企业内的组织结构尽可能减少中间层次，使原来十多层的组织结构变为五六层，甚至三四层。它的优点是：提高工作效率，责、权、利相匹配，信息反馈迅速。近年来，随着组织内员工素质不断提高，以及内部管理体系不断完善，特别是信息技术的普遍运用，组织的管理层次越来越少，组织越来越精简，越来越扁平化。

（三）组织结构网络化

随着科学技术的发展，企业的组织结构也在向着网络型组织转化，它包括两层组织：

第一，管理控制中心，它集中了战略管理、人力资源管理和财务管理等功能。

第二，柔性的立体网络，它以合同管理为基础，根据需要组成业务班子，而合同是结构联系的纽带。

网络型组织结构具有以下特点：

①整个组织分为技术和非技术两大部门。技术部门有研发、生产、营销、高技术等；而非技术部门包括战略、人力资源和财务等。

②网络使技术、资金、信息三流程得以分离。

③网络中的控制是间接的控制，且保持单向的责、权、利，一个中心只有一个经理。通过合同管理，避免了多头领导。

④具有更大的灵活性，结点是根据市场、项目的要求而结成，具有动态的特性，使高效率得以保证。

⑤有利于经营、协调和合作，便于调动每一个管理者的积极性，而且有高附加值的保证。网络型的组织结构可以提出更具有感染力的目标，真正实现结构主义－功能主义－过程主义－价值主义的转变。

（四）竞争性企业新组织结构下，企业管理的新特点

1. 知识投入扩大化

知识资产是未来企业的核心竞争力，越来越多的企业从战略发展考虑，正在增加新的投入，在正确评价的基础上，发展并有效地利用巨额的知识资产。

2. 工作任务群体化

工作任务群体化即企业内的分支团队中，往往有多个分支团队围绕共同的任务开展工作。这是企业人力资源战略管理者为适应市场的快速变化，以及集中优势力量解决难题的必然选择。同时这种群体化的工作环境，有利于不同分支团队之间及不同工作职责的员工之间的沟通和协调，可以避免和减少人际矛盾与冲突，并使管理富有弹性。

3. 信息沟通网络化

现代网络技术使不同职能部门、不同工作团队以及员工的沟通能通过网络快速实现，有利于实现集权与分权的良好结合，并在企业里营造一种信任、合作和协同工作的气氛。

4. 强化企业与外部的合作

竞争性企业以集中优势发展经济效益高的核心技术和优势产品为特征，并通过对非核心资源的处置，与外部企业建立各种形式的协作关系。这样既有利于保护其核心技术与优势产品，也强化了与外部的合作。

现代的组织结构设计发展的新趋势，实际上是企业根据内外环境的变化而及时地进行组织结构调整；是在充分吸收各种组织机构设计的长处基础上，结合本企业的特点，进行组织结构调整。上述创新从理论上演绎了该种趋势的演变，从现实来看，有许多企业因组织结构的不合理，影响企业发展战略的实施。所以企业组织结构设计不断创新，是企业人力资源战略管理的重要内容，需要引起足够的重视。

第三节　组织结构诊断

组织结构设计是把组织内的任务、权力和责任进行有效组合协调的活动。其基本功能是协调组织中人员与任务之间的关系，使组织保持灵活性和适应性，从而有效地实现组织目标。组织结构作为企业资源和权力分配的载体，在人的能动行为下，通过信息传递，承

载着企业的业务流动，推动或者阻碍企业使命的进程。由于组织结构在企业中的基础地位和关键作用，企业所有战略意义上的变革，首先都是在组织结构这一层面展开的。企业为了在生存中求发展，不得不通过保持动态的变革来解决企业组织结构的问题。我们在实施变革时不能盲目蛮干，首先要进行诊断，必须通过"望闻问切"来找出企业组织结构的"病灶"所在，并分析"病因"，对企业进行治疗，对症下药，使其与新的战略相匹配以促进企业的发展。

一、组织结构诊断的指标体系

（一）组织结构诊断的含义

"诊断"是从医学借用的术语，组织诊断是组织成员与组织发展咨询人员合作，为掌握企业组织结构的效率，而规划和实施的收集和分析与组织结构相关信息，得出评价企业效率结果的过程。组织结构诊断着重考察现行组织结构是否合理、部门划分是否适当、是否适应企业规模的扩张以及应做如何变革等。主要包括管理流程诊断和业务流程诊断。前者主要是考察企业的职能管理部门内部及其相互之间的管理运作是否有效率、是否需要改进以及如何改进。后者针对企业的生产、销售等关键业务部门的运作流程加以考察，以判断业务流程是否存在问题、是否需要进行业务流程再造。组织结构诊断类型主要包括：组织结构与功能诊断分析；组织制度及活性诊断分析；管理效能及员工心态诊断；业绩管理及激励机制诊断分析等。在诊断过程中，判断一个组织结构是否合理，主要通过高效能、高效率和高安全性这三大企业行为目标来衡量。一方面，组织结构本身的设计，应该在流程、部门划分、职能界定、责权利的规范上为高效率奠定基础；另一方面，应当有利于调动企业员工的主观能动性。只有人的主观能动性得到充分调动，才能让组织结构的效率充分体现出来，并得到高效能、高安全的成果。

（二）组织结构诊断的指标体系

组织结构功能的发挥，是与企业的人力资源、企业发展阶段、业务性质、组织文化等密切联系的，因此，为组织结构"号脉"，不能孤立地单就组织看组织，要用系统的、联系的、发展的观点来辩证分析。具体可以从组织结构对企业的贡献这个角度入手进行诊断。能反映组织结构对实现企业战略目标影响的指标，可以概括为效能、效率和安全三个主要的指标，它们共同构成诊断企业组织结构的指标体系。

1. 效能

效能是实现目标的程度。效能是指选择适当的目标并实现目标的能力。组织结构的效能是指其对企业目标的支撑作用、对企业战略的推动作用、对企业满足客户需要的保证作用。效能是组织能否"做正确的事"的决定因素。如果组织结构在这三方面功能不突出，效率再高，也将因为方向失控而出现弊大于利的局面。

在衡量组织的效能方面，有多种方法：目标方法、系统资源方法、利益相关者方法和内部过程方法。目标方法包括确认组织的产出目标和估计如何更好地达到目标，以及组织是否按照期望的产出水平完成目标。系统资源方法考察的是转换过程中投入的方面，即通过观察过程的开始和评价组织是否为较高的绩效而有效地获得必要的资源来估计效能。利益相关者方法也称为顾客方法，它是以组织的利益集团的满意程度作为评价指标。内部过程方法主要考察内部活动并通过内部效率指标来衡量效能。

那么，如何来判断组织结构的效能呢？一是看最近几年企业目标制定得是否合理，是否如期实现。如果没有实现，是否存在有不可抗拒的政策、市场、环境原因。如果这种原因也存在，还要分析企业在危机事件应对、发展预测分析、机会与风险研究等方面的行为。二是看企业发展战略制定的情况和实施情况。三是看新战略对组织结构功能的要求与组织结构相应功能的历史表现之间的差异。四是看企业客户满意度的高低。组织结构影响效能发挥主要通过公司治理结构、管理模式、关键职能这三大途径。

2. 效率

效率是实际产出与实际投入的比例，它可以用投入产出率来衡量。效率是指尽可能充分地利用可获得资源去实现目标的能力，也就是"把事情做正确"的能力。组织结构的效率是指组织结构在企业以资源和时间的投入换来企业新价值的过程中发挥的能力。主要表现在两方面：一是企业内部业务运作的效率；二是对企业外部技术、客户需求、市场变化的反应速度。效率是"双刃剑"：高效率既加速正确行为，也加速错误行为；低效率的组织结构以内耗来减缓正确行为，也以退缓的惯性来阻碍错误行为。高效率的组织，在正确战略指导下，使企业能够在日益激烈的市场竞争中立于不败之地。

如何判断组织结构的效率是高还是低，一是看企业计划的完成情况；二是观察推诿扯皮现象；三是调研或访谈人们对工作的成就感与满意度。其中，企业计划完成情况，在很大程度上是组织结构效率的直观反映；在分析中为了排除干扰因素的影响，要重视短期计划完成情况，并对企业各类型计划的完成情况进行比较，以及对同一计划进行统计分析，还要参照同行业组织结构效能高的企业的情况对比研究。推诿扯皮除了受人们主观因素（取决于人力资源管理水平）影响外，往往是由部门之间职能重叠、责任不明确所致。这种情况就需要我们辨析企业各岗位的责权利界定是否规范、清晰，是否运用信息技术将业务流程设计得科学和简洁，业务的处理机制是否完善，部门设置和职能划分是否基于流程需要，组织内部的信息流通渠道是否畅通，部门间的协调机制是否有效等，这一切都对组织结构的效率有着重要影响。

3. 安全

组织结构的安全功能是指组织结构对企业运营的持续性发展的保证，表现为四方面：一是财务安全。资金不会流失，现金流保证企业正常运作。二是产品或服务的质量安全。

符合相关标准和规范，不出质量事故。三是资产和人员安全。不仅是资产保全和人身安全，更重要的是指固定资产能得到正确使用和充分利用，防止核心竞争性人才的流失和知识向资本的转化。四是生产运营安全。生产秩序、生产状况、业务行为合法与合规。如果说，效率和效能是为了使企业能够生存和发展，那么安全就是为了使企业能够持续而健康地发展。如何判定组织结构的安全功能是否正常：①分析企业的资金损失率、呆账、应收账款、预付账款、发行债券、债务、信用担保、股票市场表现等状况。②分析产品或服务的质量标准执行情况，质量标准的改进情况。③分析资产与人员保全性、治安状况、资产利用率、人员流失率、无形资产管理状况等。④统计分析生产安全事故情况、采购行为、销售行为等。在组织结构设计中，是否重视组织结构的安全功能，对有关部门的职能划分、责权利界定影响很大。

通过上述综合评价就可以对一个组织结构系统的有效性进行诊断。

二、组织结构的诊断方法

组织诊断的方法，主要就是调查分析。这看似简单，但实际操作十分繁杂。其要点主要为以下三方面：

（一）组织调查

组织调查的方法，比较实用的有以下三种：

1. 收集现有资料

我们可以从以下几个方面系统地收集能够反映企业现状的资料：

（1）工作说明书、组织结构和组织手册

这些资料可以让人很清楚地知道企业的每一个职位的情况以及所有职位之间的具体关系、组织的整体结构框架。

（2）管理业务流程图、系统流程图、管理工作标准

收集这些资料可以让人对管理系统从动态和静态两方面都有直观的认识。

（3）管理工作的定员和人员配备

素质合格的人员是组织结构正常运转的重要保证，如果发现员工的数量和质量与组织设计的要求不相符，就要考虑是否可以通过培训加以改进，或者重新进行组织设计。

（4）考核与奖惩制度

这些资料关系到组织运行中控制与激励问题。目前许多企业都是把考核措施与激励机制相联系，这样可以形成有力的利益驱动机制，实现组织运行中责权利的有机结合。因此，了解这些有利于把握组织运行中潜在的问题。

通过以上资料，组织设计者可以比较系统地了解组织的基本情况和存在的一些问题。

如一些管理层次和跨度问题、权责划分问题、机构重置问题、控制与激励问题，等等。但仅仅通过现有资料来了解组织现状有很大的局限性，它无法反映出组织运行中的人际关系，而且组织设计与实际运行往往有一定的差距。因此，除了收集资料外，我们还必须对现实状况进行调查。

2. 组织问卷调查

调查问卷一般是随机的抽样调查，调查人数占总人数的 5%～20%，主要调查对象是中层和基层管理者。调查的方式一般是不记名的，但要填写职务、性别、年龄段、学历等以便分析。问卷的内容设计要根据企业的具体情况和调查目的来确定，一般可以从组织的正规化、标准化、集权化，以及单位之间和岗位之间的技术依存度等方面来调查。为了调查一些具体的问题，还可以针对某些部门或岗位设计专门的职能或权责调查表。

3. 组织座谈

要想获得对企业情况更加深入的了解，还必须与工作人员进行面谈。面谈或座谈的对象，一般选择中高层领导为好。由于他们是各层级管理者，看问题一般比较全面，对问题的感受也较深，而且他们一般都有比较丰富的工作经验，能够提出较好的问题解决方案。

进行座谈时，宜采用结构式谈话法，最好事先写好座谈提纲并交给调查对象，让对方有所准备。提纲的内容大致可以包括：介绍本部门的组织结构设置、人员配备情况，以及最近几年的发展演变；谈论本部门在组织设计和实际运行上存在哪些问题并分析原因；让访谈对象谈论应该怎样设计自己的组织才能克服上述问题，在设计和实施的过程中重点应该注意哪些问题。

此外，也可以对基层进行调查，能够更直接地了解到下层的想法，发现意想不到的问题。

（二）组织结构分析

经过调查掌握了大量的资料以后重点是对这些资料进行分析，找出组织的症结所在。从总体上来讲，组织分析可以从以下四方面展开：

1. 职能分析

职能分析主要内容包括：①随着环境的变化和企业经营目标的改变，需要增加、加强、取消或削弱哪些职能；②哪项职能是企业的关键职能，关键职能应该是组织职能结构设计的核心，不应该与其他的基本职能地位等同；③分析职能的性质和类别。按照职能对企业的贡献，职能可划分为三类：产生成果的职能、支援性职能、附属性职能。一般来讲，在改革的过程中应该加强产生成果的职能、边缘化附属性职能，使支援性职能得到保证。所谓对附属性职能的边缘化，就是要尽量减少这些职能，因为这不是一个企业所必需的，其存在往往会给企业造成负担。边缘化措施可以通过社会化的方式，把它让渡给社会上的服务性单位去做。

2. 决策分析

决策过程贯穿整个管理过程的始终，决策分析是确定各管理部门和管理者的职权的重要依据。决策分析的内容包括：①为了实现企业的目标应该做出哪些决策，这些决策属于何种类型，应该由谁做出；②决策制定会牵涉到哪些部门，应该有哪些人参与；③决策制定之后应该通知哪些部门，如何实行；④该决策会产生多大的影响，影响的时间有多长，范围有多广。

3. 流程分析

流程分析应该侧重于业务流程或系统流程，分析其工作步骤之间或子系统之间的衔接问题、影响程度和产生的原因。主要包括以下内容：①确定流程中的衔接问题。这可以从系统或子系统的投入、产出两方面来考虑，重点分析发送和反馈的及时性、地点是否合适以及在质量、成本和运行周期上是否符合要求等。②分析每个问题的相关因素。可以从这样的角度分析：在组织或部门中，哪些流程与所分析的衔接问题有关，这些衔接问题又会对企业或部门的绩效产生多大的影响，哪些单位或职位会牵涉到该问题，它们各自的任务是什么。③分析问题产生的原因。原因分析可以从投入、产出、反馈和强化措施四方面来思考，主要分析其及时性、准确性、有效性，等等。

4. 负荷分析

现在，有不少企业推行了满负荷工作法，而通过负荷分析，对那些工作量不满80%，即每天的实际工作时间不到6.5小时的岗位进行撤岗、并岗，可以实现机构定员的合理化和工作效率的提高。负荷分析的方法是以部门或岗位为中心，将它们所涉及的各项业务工作流程的工作任务一一列出，并估算出各项任务的工作量，然后绘制出负荷图。从负荷图上管理者可以明了其所辖单位工作能力的利用情况，是否存在工作量不足或忙闲不均的现象。根据这些，管理者可以决定是否接受新任务，由谁来承担哪些任务，哪些任务应该减少或增加人员，哪些任务应该调整或合并等。

总之，组织结构诊断是一项非常细致的工作，需要进行大量的调查研究，从各种不同的角度来检查组织结构存在的问题。

（三）组织结构诊断的程序

组织结构的诊断工作作为一项系统工程，主要包括现场考察、书面资料评估、相关人员面谈，对企业现状进行深入的剖析，发现企业的问题所在，初步提出针对性的改善建议等不断循环的环节。具体包括以下五个阶段：

1. 准备阶段

接受委托→搜集资料→初步调查→制订诊断方案→组织分工。

2. 实施诊断阶段

探索分析→常规检查→追踪调查→确定存在的问题。

3. 提出初步治理建议

听取意见→研究对策→提出初步方案。

4. 确定适合企业的最佳方案

听取企业跟踪反馈意见，并对初步方案做进一步的修改、评估。

5. 确定整改方案

企业组织结构诊断书定稿，形成适合企业组织结构整改的最终执行方案。

第六章　员工招聘与培训

第一节　员工招聘与选拔录用

一、招聘的形式

招聘之所以会让无数的招聘者头疼是因为不容易找到那个最合适的人，出现这个结果的原因是雇佣方和劳动者的信息不匹配，有时候是职位空缺的消息无法及时有效地传达给想要跳槽的目标人群；有时候是想要跳槽的人找不到满意的岗位。信息的不对等导致了雇佣方和劳动者的筛选成本增高，在无法找到最合适的那个机会时，只能选择次合适的机会，这样就会导致人力资源的使用浪费。最佳的招聘结果应当符合两个条件：有足够多的候选人；能识别出候选人中最合适的人。

我国招聘形式的发展大致可以分为四个不同的阶段，其中前两个阶段貌似和新技术没有什么关系，主要还是和社会体制相关；后面的趋势则是因为有了新技术的加入而变得越来越符合招聘的本质了。

（一）包分配

这个应该是社会主义国家独具特色的招聘形式，在人才无法自由流动的年代显得非常普遍，现在看起来却又是那么不可思议，具体又可以分成两个不同的方式：定向委培和相关专业分配。

定向委培这种方式目前还存在，主要存在于高校的国防生、大中专的职业技校等。这种方式其实是比较好的人才培养方式，供需对等，不仅可以有效地解决企业的用人问题，还能保证一定的就业量。但是随着市场经济的不断深入发展，市场环境也瞬息万变，而委培生一般都要经过2~3年的培养才能使用，由此带来的难题是两年前还是有需求的专业，两年后可能就不存在这个工种了，人力资源的浪费情况比较明显，因此定向委培的使用领域将会越来越窄，最终可能会消失。

相关专业的包分配更多地体现在大学生的分配上，这种分配有时候显得简单粗暴，只要你上了这个专业，你的工作岗位和方向基本就定下来了，不管你喜不喜欢，不管你适不适合，总之一个萝卜一个坑，所以你必须去那个坑，如果你水土适宜，恭喜你，这辈子还算是比较幸运，能做上一份自己喜欢的工作；但更多的人是无奈地干了一辈子，只为了那个看起来还不错的铁饭碗。大家都知道人力资源发挥最大优势的前提是人岗匹配，当匹配不当时，这个人内在的人力资本的价值就是缩水的，不幸的是包分配的人岗匹配模式完全忽略了这个前提。

（二）人才市场

随着市场经济的不断发展，跨地区流动障碍的降低，人才流动也在不断加速，一方面，政府不再控制人才的流向；另一方面，人们也渴望找到更适合自己才能发挥的岗位，因此这时的人才市场逐渐发展起来。人才市场就是一个招聘信息与应聘人员信息充分流动的平台，应聘者可以穿梭在不同的用人单位的摊位前，用人单位也可以收集更多人的简历，在更大范围内筛选合适的候选人。人才市场这个渠道进一步提高了人岗匹配的契合度。

然而人才市场的弊端在于地域性的限制，人才市场的形成必然是围绕一个固定的地点展开，北京人才市场上岗位在一定程度上只能为北京地区的人民所知悉和应聘，但有可能某一个岗位最适合的人才是在上海，而上海人民不会跑到北京去应聘一个他根本不知道的岗位，所以地域性的限制导致人才市场在人岗匹配上仍然不是最优化的资源配置方式。在计算机技术不断成熟的前提下，这种需求推动了虚拟人才市场的形成，人才招聘网站。

（三）综合性互联网平台

人才招聘网站的出现革命性地推动了人才在更大范围内的自由流动，在这样一个虚拟平台上，雇主可以很容易地发布自己的招聘需求，目标人群则不受任何限制，只要符合应聘条件都可以来投递简历；对于应聘者而言也非常容易去寻找适合自己的岗位，通过检索和限制条件的方式来寻找最匹配自己需求的岗位。目前智联招聘、前程无忧和中华英才网是最受用户青睐的招聘门户，赶集网、百姓网、58同城也都在抢夺这一市场份额，在这几个综合性招聘平台上聚集了大量的企业用户，每天都会产生成千上万个新增岗位，在这种波涛汹涌的更新背后则是人才的大量流动。

随着新技术的不断发展，人们逐渐发现这些门户网站大而全的背后隐藏的弊端是人才筛选成本的逐渐上升，HR每天都会接到无数的投递简历，虽然系统能够自动根据匹配度筛选掉一部分，但是HR仍然会面临数不清的简历纷至沓来。资源的不足和资源的过剩都会让HR痛苦不堪，大量拥挤的人群会让真正的人才淹没。在这种情形下，困扰HR的一个终极难题是：仅凭一张简历和短短的几十分钟面试，我如何判断这个人就是我想找的那个人，就算是非常有经验的面试官也没有百分之百的把握说自己满意的人就是最合适的人才。

从如何找到足够多的人，到如何在足够多的人中找到那个最适合的人，这成为HR再次需要解决的问题，幸好新技术又发展了。

（四）垂直化和细分化的互联网（含移动互联网）平台

垂直招聘网站就是招聘领域的细分市场，就是专注于某一特定领域满足某一类型的需求。比如，针对某一类人群的招聘网站；针对互联网的招聘网站（如拉钩网）；针对中高端用户的猎头网络；基于兴趣或社区的招聘网站；基于社交的招聘网站。这些网站就是将招聘的目标人群进行细分，根据不同的属性，把不同的人引入自己的网站，而雇主也可以根据自己岗位的性质选择不同的渠道发布广告，这样的招聘目标性更强。毫无疑问，垂直化的一大好处就是专业靠谱。如果只专注于某一个特定领域，那么企业就能更好地提升招聘服务的专业性与针对性。对于用人单位来说，一个专注于其所在领域的招聘网站肯定更懂行，在这里找到的人才会更加专业，质量更高。对个人求职者来说，肯定会认为一个专注于某一领域的招聘网站更有可能提供心仪企业的招聘信息，从而提高获得满意工作的概率。

社交化招聘也是另一个发展趋势，社交网络和移动互联网的异军突起彻底改变了人们的生活方式，现在你还能想起来在微博、微信没有出现前，你每天上网都在干吗吗？如果你需要想一下的话，就说明你已经完全进入了社交时代，社交时代最基本的一个原理叫"六度分割"理论，就是说你和一个完全陌生的人之间只隔了6个人，所以你可以通过社交网络连接上这个世界的所有人（虽然只是理论上而言）。在移动互联网的推波助澜下，人们开始发现社交招聘网站的可能性。

社交招聘的真正价值在于，通过与社交网络用户的互动，招聘双方可以获得更多更全面更真实的信息。求职者可以了解企业的文化、需求偏向、实时动态等，可以更加准确地判断企业需求与自身条件是否匹配。用人单位通过求职者在社交网络上的活动可以获得全面、真实的求职者信息，而不再局限于一张简历，这样才能招到更高质量、更符合企业要求的人才。

未来的发展趋势为大数据精准招聘。最新的技术不是社交网络了，而是大数据，这个技术趋势将会再次彻底改变商业环境和人们的生活方式。现在是一个电子设备和虚拟网络的时代，每个人都会接触网络，并在网络上留下自己的痕迹，这些痕迹其实就是数据，这些数据记录了你的喜好，记录了你的经历，记录了你的思维水平，记录了你的社交网络，记录了你的行为风格，当这些数据越来越多时，它就能预测你的可能性，这些数据将会充满智慧。

招聘的根本目的是什么？就是要通过简历和面试来预测你是否适合岗位的要求。试想一下，如果每个人都自带一个数据包，这个数据包里是自己过往的一切经历（当然是不可更改的），雇主通过数学模型构建了一个人和岗位的匹配算法，你一旦将数据包分发给公司用来测试，也许几分钟的时间就能得到你和这个岗位的匹配度分数。以后 HR 也许就不会再面试了，直接调用各个申请人的数据包去匹配岗位的需求模型，得分最高的那个人就是最合适的，选他应该没什么问题。

二、招聘的方法

在招聘方法中首先确定招聘的形式。人员招聘的形式有内部招聘和外部招聘两种，具体如下：

（一）内部招聘的主要方法

1. 组织内部公开招聘

组织内部公开招聘是通过广播、公告栏或口头传达等方式让全体员工了解现有职位的空缺数以及申请人资格限制等信息，鼓励员工积极应聘，争取更好工作机会的方法。组织内部公开招聘不仅有利于激发员工的积极性、主动性和创造性，也有利于组织内劳动力的有效利用。但是，组织在进行内部招聘时必须注意，在信息的公布、选拔程序的制定以及申请人资格的限定等方面一定要坚持公平、公正原则，要保证组织内部招聘渠道的畅通。

2. 内部员工推荐

内部员工推荐是指当员工了解到组织的人力资源需求后，向组织推荐其熟悉的内部或外部人员，让组织对其进行考核的一种方法。选择这种方法的优点是由于员工对任职资格已经有了相对的了解，所以他们推荐的人都是有备而来的，这样有助于人力资源管理人员节省时间。

3. 利用组织人才库及其相关信息

对于现代企业来说，大多都有一个相对完善的人才库，组织可以利用这些人事档案信息和相应的技术信息进行招聘。

4. 工作公告与工作投标

工作公告和工作投标是企业及时向员工通报企业内部现有的职位空缺的一种方法。

（二）外部招聘的主要方法

1. 广告招聘

广告招聘是指通过广播、报纸、杂志、电视等新闻媒体面向社会大众传播招聘信息，通过详细的工作介绍和资格限制吸引潜在的应聘者。广告招聘对任何职务都适用，它是现代社会非常普遍的一种招聘方式。一般来说，广告内容要包括公司基本情况介绍、职位描述、应聘者资格要求、联系方式和应聘方式等。

现代市场最常见的广告媒体有报纸、杂志、广播、电视、网络等。在进行广告媒体的选择时，企业必须考虑以下三点：第一，选择的媒体要能够及时地将有效信息传播给目标受众。第二，在进行广告媒体的选择时，要考虑应该吸引到哪些人而不是吸引多少人，因此对广告媒介的选择要注重目标性。第三，要注意所选择媒体上同类广告的数量和质量。一般来说，进行广告设计时要注意以下五方面：第一，趣味性。广告最重要的是有趣味性，要新颖别致,要能在第一时间内吸引目标受众,要有让目标受众长时间关注的兴趣点。第二,创意。一个好的创意是广告的生命之源,只有有了好的创意,才能准确地表达思想,才能引起人们的注意。第三,策略。任何一个好的广告都有一个非常好的策略,这个策略就是吸引目标受众的策略。第四,设计。广告的设计一定要独特,要坚决避免千篇一律的现象,要在第一时间内抓住目标受众的视角,使其能够有立即行动的决心和信心。第五,广告的撰写要做到真实、合法、简洁、准确。虚假广告不仅影响企业的招聘效果,还会破坏企业的形象,甚至组织还可能为此承担法律责任。

2. 校园招聘

企业常常通过赞助学校文艺、学术等活动的方式来扩大知名度;有些企业还通过设立奖学金的办法与学校建立长期的稳定关系,使学校真正成为员工的来源之地。

在校园招聘的过程中,企业可以通过举办大型专场招聘会的方式进行招聘,也可以选择校园广播、校园网络、公告栏或学院推荐等渠道进行招聘。

校园招聘也存在不足之处,主要表现在:第一,受招聘时间的限制。对于大多数企业来说,随时都有补充新员工的需要,而应届毕业生每年只能招聘一次,并且要受到时间的限制。企业如果需要对人才进行储备,就必须编制人才储备预算,在预算控制下进行招聘,以免出现人才浪费。第二,实际工作经验缺乏。一般来说,校园招聘大多招收应届毕业生,而学生在校园里以学习书本知识为主,他们的实际工作经验缺乏,需要企业对他们进行一定程度的培训才能真正发挥作用。对于那些亟须用人的企业来说,进行校园招聘很难达到目的。

3. 猎头公司

所谓猎头公司就是为企业寻找高层管理人员的服务机构。猎头公司一方面为企业搜寻高级管理人才,另一方面也为各类高级管理人才寻找合适的工作。猎头公司拥有自己的人才库,它们掌握着大量的求职和招聘信息,熟悉各类企业对特殊人才的需求,因此利用猎头公司进行招聘一般成功率较高,但相应的费用也较高。

4. 利用网络进行招聘

随着网络的普及和计算机技术的发展,利用网络进行电子化招聘已经越来越广泛地被企业所采用。这种方法传递信息快捷而准确,影响范围又十分广泛,且费用低廉,不受其他因素的影响。目前已经有许多企业在自己的网站上设立了专门的招聘专栏,这不仅为求职者带来了极大的方便,而且对公司形象的宣传也起到了非常好的作用。

5. 人才交流中心

在全国的各大中城市,一般都有人才交流服务机构。这些机构常年为企事业用人单位服务。它们一般建有人才资料库,用人单位可以很方便地在资料库中查询条件基本相符的人员的资料。通过人才交流中心选择人员,针对性强、费用低廉,但对一些热门专业的人才招聘效果不太理想。

6. 招聘洽谈会

人才交流中心和其他人才机构每年都要举办多场人才招聘洽谈会。在洽谈会中，用人企业和应聘者可以直接进行接洽和交流，节省了企业和应聘者的时间。随着人才交流市场的日益发展，洽谈会呈现出向专业方向发展的趋势。比如，有中高级人才洽谈会、应届毕业生双向选择会、信息技术人才交流会，等等。由于洽谈会应聘者集中，企业的选择余地较大，但招聘高级管理人才还是比较困难。

（三）招聘组织

一个有效的招聘团队组织应该有以下几个角色划分：

组长：主要是监督招聘工作的进度，确保任务保质保量完成。

副组长：严格按照招聘计划方案合理分配招聘任务，并带领团队按计划予以落实，确保完成任务。

招聘项目专员：严格按照计划推进招聘工作的进度，如期完成招聘任务。

招聘组织人员要对招聘最终结果负相应的责任，并按照完成情况给予相应的考评，作为月度考评的重要依据，从而给招聘组织的执行力加一个保险。

（四）相应的支持工作

招聘工作作为人力资源管理工作的重要组成部分，不仅关系到培训、薪资、绩效等模块的开展，而且对公司的发展也起到关键性作用。一个快速发展的企业需要稳定、高效的人才队伍支持，这就需要拥有强大的培训机制来提升员工的素质能力，需要公平合理的绩效考评机制来衡量员工的业绩，让员工拿到满意的薪酬，通过企业文化建设，开展员工思想工作，从而为公司的发展提供一个最关键的保障。

三、甄别与选拔

"如何识别人才"从古至今都是一个永恒不变的话题，在社会变迁日新月异、经济发展突飞猛进的今天显得尤为重要，因为人是任何组织存在和发展的基础，也是整个人类社会发展进步的根本。

人是人类社会存在的基础，人才是人类社会发展进步的推动力，如何识别真正的人才也就显得至关重要。古往今来，人们从来就没有停止过这方面的研究，也不乏很多有效的方法。

在中国古代，各种识别人才的方法层出不穷。孔子用"智、仁、勇、艺、礼、乐"来辨别人才，孟子则认为同时具备"仁、义、礼、智"四种优秀素质的人即有"德"，《太公六韬》、《吕氏春秋·论人》八观、李悝的"五视"、诸葛亮的"七观"、曾国藩的《冰鉴》等都反映出了古人识别人才的聪明才智和绝妙办法。

在进入21世纪的今天，作为希望长期发展的企业来说，识别真正的人才便成了企业招聘工作的核心问题。那么，现代企业如何辨别人才的真伪呢？下文将介绍甄别选拔人才的四部曲——"望闻问切"法。

（一）如何"问"

在面试环节，很多面试官简单地认为"提问题嘛，谁不会？""我是这方面的专家，我是这个部门的负责人，难道我还不知道该问什么吗？"而现实是，很多人因为专业技术过硬或者工作勤勤恳恳被提拔为管理人员，但管理经验欠缺、管理方法落后，在面试时无法提出恰当的问题。所以作为管理人员，要扪心自问："我在面试的时候真的会问吗？"

我们有的面试官在面试之前不清楚所招聘的岗位职责，也不清楚具体的任职要求，甚至事先没有看过应聘者的简历，只是在与应聘者面对面坐下来以后才匆匆翻阅应聘者的资料，开始天马行空的提问，然后草草了事，胡乱给个评语。试问，这样的面试，能判断出应聘者的真实情况吗？能真正招聘到合适的人才吗？最终的结果只可能是，让优秀的人才看出公司的不规范从而流失，让无才无德者浑水摸鱼钻进来。

扁鹊可以通过问诊了解病人既往病史与家族病史、起病原因、发病经过及治疗过程，主要痛苦所在、自觉症状、饮食喜恶等情况，结合望、切、闻三诊，综合分析，做出判断。那么，在面试工作中，如何问，问什么，这是面试官首先需要解决的问题。

1. 面试前做好充分的准备

对于应聘者，特别是潜在的应聘者来说，自踏入企业大门之时起，企业的每一个细节就已经在其心中留下了印象，事关他对企业的整体判断。良好、充分的准备工作将有助于面试官有条不紊地对应聘者进行面试，不至于因准备不充分而手忙脚乱。因此，面试官在开始正式面试之前首先要做好如下准备工作：

①全面了解公司的现状及发展规划。一个企业的产业结构、产品、目标、发展规划及文化特点直接影响到对内部人才的凝聚力和对外部人才的吸引力。如果没有富有竞争力的产品、没有明确的发展目标、没有良好的企业文化氛围，无疑吸引不了优秀的人才。同样，如果面试官不清楚企业的产品和发展目标，不明白企业的文化，也会将优秀的应聘者轻而易举地拒之门外。

②认真分析所招聘岗位的岗位职责及任职要求。开始正式面试之前，首先必须清楚招聘什么样的岗位、该岗位的工作内容有哪些、任职者具体需要什么样的技能和经验等等，因为这些信息是招聘和面试的基础与前提，如果对岗位职责和任职资格都不清楚，那么招聘就变成了瞎子摸象，面试工作也就成了一个过场而已。

③组建面试团队，确定人员分工，并对面试官进行必要的培训。

④选择面试方法，拟定面试问题及评判标准。

⑤认真阅读和审查应聘者的简历资料。在面试之前对简历进行审核筛选，可以迅速筛掉部分不合格的应聘者，从而减少不必要的面试时间的浪费。同时，对于筛选合格的应聘者，可以提出想要了解的重点、圈出有疑问的信息，在面试过程中可以有针对性地进行提问，避免在无关紧要的问题上纠缠。

2. 根据岗位类型选择适合的面试方法

在面试的过程中，常用的面试方法有非结构化面试法、结构化面试法、行为描述面试法和评价中心技术法，在进行面试时应根据招聘岗位的特点选择适合的方法。

（1）非结构化面试法

非结构化面试法没有既定的模式、框架和程序，面试官可以"随意"向应聘者提出问题，提问的内容和顺序都取决于其本身的兴趣和应聘者现场的回答，而应聘者回答问题也无固定答题标准。这种面试方法简单易行，不拘场合、时间、内容，应聘者防御心理比较弱，了解的内容比较直接，可以有重点地收集更多的信息，反馈迅速，但缺少一致的判断标准、难以量化，有时会转移目标，面试结果容易受面试官好恶的影响。这种方法最原始，为众多非专业面试官广泛使用，但不易掌控、容易走样、效果较差，不建议使用。

（2）结构化面试法

结构化面试法是指依照预先确定的题目、程序和评分标准进行面试，要求做到程序的结构化、题目的结构化和评分标准的结构化。

结构化面试法的内容确定、形式固定，面谈测评项目、参考话题、测评标准和实施程序等都是事先经过科学分析确定的，更主要的是要点突出，形式规范、高效，便于面试官面谈时操作，能保证整个面试有较高的效度和信度，确保招聘的准确性。这种面试方法相对于非结构化面试，易于掌控，准确性更高，越来越得到广泛运用，在比较重要的面试场合，如录用公务员，选拔管理人员、领导人员等，常采用结构化面试法。

（3）行为描述面试法

行为描述面试法实际上是一种特殊的结构化面试法，采用的问题都是基于关键性特征的行为性问题，着重考察应聘者都曾做过什么，并且在做的过程中表现如何。

此方法的两个假设前提条件决定了它远优越于其他方法：一是一个人的过去行为最能预示其未来行为，一个人的行为是具有连贯性的。我们会发现，一个经常跳槽的人即便到了新单位也不会很稳定；一个在原单位就是个刺儿头的人到了新单位也不会很友好；一个爱搬弄是非的人到了哪儿都一样地挑事儿……这些都充分地说明了一个人的行为具有连贯性，从其过去的行为就能判断出他今后的表现。二是说和做是截然不同的两码事，要注意了解应聘者过去的实际表现，而不是对未来的承诺。有的应聘者能说会道、滔滔不绝，被誉为"面霸"，在面试的过程中完全能变被动为主动。在众多单位中也不乏这样的人，他们没有任何实际能力，就凭一张嘴混日子，成天海阔天空，能把一件事情吹得天花乱坠，甚至能画一个大饼让你每天挂在脖子上充饥，但当遇到具体问题的时候，就避重就轻、推卸责任，想方设法开溜。为什么很多单位都有这样的人存在呢？一个重要的原因就是在面试环节没能认真把关，抑或是根本就没有办法识别这样的人，被这些虚假的人蒙蔽了双眼。

有人可能要问了，既然这样，我们如何提问才能问出应聘者的真实情况呢？很简单，就应聘者的某个具体的实例进行深入的追问，要有"打破砂锅问到底"的精神，同时，在问的过程中注意观察、做好记录、认真分析。

（4）评价中心技术法

评价中心技术法是在第二次世界大战后迅速发展起来的，它是以测评管理素质为中心的标准化的一组评价活动，在这种程序中主持人针对特定的目的与标准，把受评人置于一系列模拟的工作情景中，由专业考评人员对其各项能力进行考察和预测，了解其是否胜任该项工作。在选拔管理人员时，该方法常作为面试和笔试结果的重要辅助测试。

评价中心技术的主要方法有无领导小组讨论、公文测试、角色扮演、管理游戏、书面案例分析，等等。

3. 关注核心的面试问题

在面试过程中，应聘者的某些信息是面试官必须认真了解的，因为只有认真核实这些信息才能真正发现该应聘者的真实情况并判断其是否适合所聘岗位。

（1）教育背景

在当今社会，造假的东西太多了，假烟、假酒、假药、假食品、假新闻，甚至假人满天飞，假文凭也不例外。为了避免不学无术的学历造假者混进单位，从而埋下一颗定时炸弹，面试官在进行简历筛选和面试的时候，就得弄清楚应聘者的真实学历以及知识水平。同时，还得明白，在读学历不代表实际学历，不能说在读硕士就具备研究生学历和水平，取得了本科学历就是本科，只有大专学历就是大专，别被这些所谓的在读的东西所欺骗。

（2）工作经历

关注应聘者的工作经历，主要在于评判其曾任职过的单位、职位等，从而判断其与所应聘岗位的匹配度，即能否真正胜任现有岗位工作。如果一个曾经做销售的要应聘财务，或者做采购的应聘研发岗位，即便此人通过一定时间的努力能够达到任职要求，企业也会为此付出大量的时间成本、经济成本和管理成本。另外，如果一个人的职业生涯是在走下坡路，那么这样的人也不可用，有可能他没有明确的职业发展目标，也可能是他根本就没有选对自己的职业，不知道自己适合做什么。

（3）职业目标和期望

一个人活着总得有一定的目标。曾经风靡一时的励志电视剧《士兵突击》的主角许三多的座右铭就是："好好地活，就是做有意义的事；做有意义的事，就是好好活。"一句看似矛盾、逻辑混乱的话，切实地道出了他通过"不断做有意义的事"来实现"好好地活"的目标。他的班长老马为这个"许木木"每天做的傻事所警醒，并告诫他的那些大头兵："别再混日子了，小心日子把你们给混了。"由此可见，如果一个人对自己的人生都没有目标和任何期望，也就别指望他在工作中会有什么目标，在工作岗位上表现出来的绝对就是"当一天和尚撞一天钟"，甚至懒得连钟都不会去撞，因为他不知道撞钟是为了什么。

（4）对待该工作机会的态度

有人找工作是为了获得经济回报，有人找工作是为了混饭吃，有人找工作是为了学知识，有人找工作是为了实现自我价值。每个人对待一个工作机会的动机可能都不太一样，在获得这个工作机会后的工作表现也会大相径庭。无论怎么样，为了混饭吃的人是坚决不能要的。这就需要我们面试官练就一双火眼金睛，一眼就辨别出这些"混世魔王"。

（5）个人生活和兴趣爱好

个人的生活习惯和兴趣爱好决定了他会选择什么样的职业道路，也影响到他到底能在这条道路上走多远。如果一个喜爱祖国大好河山的人，他的志趣在于背上行囊到处游山玩水，那么他是很难安心于日复一日地每天花十多个小时待在实验室里边只为培育一个细菌的；一个精于搞数学搞物理的人也是没有办法让自己变成一个伟大的艺术家的。因为他们的兴趣、他们的思维模式决定了他们的职业类型和职业道路的长度。因此，在与应聘者进行交谈时，必须弄明白他真正喜欢什么、擅长什么，以实现人岗匹配的目标。

（6）把握"问"的技巧

①营造和谐的气氛。在面谈过程中，面试官说话语调应适度，不宜过于大声或过于小声，音调应平缓，不可陡然升高或降低，吐词要清晰，语速可根据应聘者说话时的语速做相应的调整，可与其保持接近，以拉近与应聘者之间的距离。面试中切忌说脏话，同时尽量少讲口头禅，忌用不切实际的"洋话"。

②提问要先易后难，由浅入深，所提问题直截了当、语言简练。在提问时，尽量避免提出引导性的问题。不要问带有面试官本人倾向的问题，如以"你一定……"或"你没……"开头的问题。不要让应聘者了解你的倾向、观点和想法，以免应聘者为迎合你而掩盖其真实的想法。同时，可以有意提出一些相互矛盾的问题，引导应聘者做出可能矛盾的回答，来判断应聘者是否在面试中隐瞒了真实情况。

③提问的问题类型要多样性。在面试提问时，既要提开放性问题，也要提封闭性问题；既要提行为性问题，又要提假设性问题。比如："当你就某一问题与其他相关人员达不成一致意见时，你是怎么处理的呢？"（开放性问题）"你们工作中存在的不同意见有没有影响到你们之间的关系呢？"（封闭性问题）"你能不能举一个例子，讲一讲你是怎么处理工作中纠纷的呢？"（行为性问题）"假如你和其他部门就某个问题达不成一致，你该怎么办？"（假设性问题）当然，提问过程需要面试官进行把控，不必拘泥于既定的先后

顺序，可根据面试的具体内容，灵活提出。

④不该问的千万别问。在人际交往中，我们时时刻刻都离不开"问"，而作为面试官，其工作中的一个重要部分就是"问"，但有些问题的确是不宜问的，如个人隐私、家庭储蓄情况、夫妻感情等。在面谈过程中，如果你不识趣地问及对方的"雷区"，尴尬便会随之而来，会直接导致面谈的失败，甚至会引起不必要的法律纠纷。所以，作为面试官，在面谈过程中，不宜问及的问题千万别问。

⑤主考官要掌握面试过程的主动权。面试的过程就是一个博弈的过程，也像太极的推手一样，在不断的一来一往中，面试官应始终保持对整个面试过程的绝对控制权。想了解什么（不违背法律法规、道德规范及个人隐私方面的问题），就得想方设法引导应聘者说什么，始终"牵着应聘者的鼻子走"。有的面试官，一开始就被应聘者的气势所压倒了，在整个面试过程中，都围着应聘者转，成了应聘者的应声虫，一场面试下来，什么有用的信息都没有得到，甚至可能被应聘者忽悠，把一名各方面素质都差的人当作优秀的人才给录用了。其实，这样的事例比比皆是，结果就是给企业增添了用人成本和管理成本。

⑥面试中应给应聘者弥补缺憾的机会。由于时间关系，或者受面试氛围、外界信息量等方面的影响，应聘者在面试结束后，可能需要进一步了解所应聘岗位和公司的具体情况。为此，面试官在面谈结束时应采取较为轻松的方式再次缓和气氛，如可以询问"还有什么需要了解的吗？""需要多少时间能到岗？"……这样一方面可以使应聘者更全面了解企业的情况，更能感受到尊重和重视，加深应聘者对企业的好感；另一方面进入轻松谈话阶段，反而可以从一些细微处反映出应聘者的性格和某些特点，有助于面试官进一步了解应聘者的真实情况。

（二）如何"望"

扁鹊通过对病人的神、色、形、态、舌象等进行有目的的观察，便能测知内脏病变。同样，在面试的时候，面试官也可以通过观察应聘者的言谈举止来对其进行鉴别。出于种种原因，人与人之间在第一次交流时总会有意无意地、或多或少地掩饰一些东西，而心理学研究发现，一旦人在表达出与内心世界完全不同的东西之后，总会不经意地用某些小动作加以掩盖，以谋求心与口的平衡。恰恰就是这些小动作充分地反映出了当时的实际情形，这些小动作也是面试官在面试的时候应该特别关注的细节问题。

比如一个人的站立、坐姿、精神面貌，抑或是一根手指头、一个眼神都能反映出他当时的内心世界。如果应聘者在回答某一问题时肢体语言或表情与所表达的内容不一致、不协调，那么将有必要在这个问题上继续追问求证。

不过，肢体语言的情境性强，不同员工在同一情境下的同一肢体语言传递的信息不一定相同，同一员工在不同情境下的同一肢体语言传递的信息也不尽相同。因此，面试官应根据实际情况，参考肢体语言传递出的信息，但不能单纯地根据肢体语言来下定论，而应在接下来的面试提问中，收集更多有用的信息，进一步做出验证和判断。

（三）如何"闻"

扁鹊通过听声音和嗅气味，如听患者语言气息的高低、强弱、清浊、缓急等变化来分辨病人病情的虚实寒热。

在面试的时候，既要懂得如何进行提问，又要学会倾听。

1. 多听少说，注意思考

在整个面试的过程中，面试官的一个重要作用就是引导，引导应聘者展现出他真实的一面。在提问面试问题之后，应认真倾听应聘者的回答，同时对其回答进行整理分析。要注意多听少说，要明白面试的目的是为了让应聘者尽可能地多说，而面试官只是负责引导，不能够本末倒置。有的面试官在面试的时候，占用一两个小时的时间与应聘者进行面谈，而在整个面谈的过程中，可能应聘者总共说的时间就10分钟左右，剩下的全是面试官在天马行空地发挥。这样一来，不但考察不出应聘者的真实情况，还容易将优秀的应聘者拒之门外，结局只有一种：无法招聘到合适的人才。

2. 善于把握和调节应聘者的情绪

在很多时候，应聘者在面试过程中或多或少地会表现出紧张的情绪。为了让应聘者消除紧张情绪，展现出其真实水平和状态，面试官就要随时注意把握和调节应聘者的情绪。比如，在面试正式开始之前，可与应聘者进行简单寒暄，问问乘坐什么交通工具来公司的、路上是否顺利等等，然后逐渐转入正式提问阶段。另外，如果不是面试需要承受强大压力的工作岗位，一般不建议提出过多的压力性问题。

注意倾听，不要随意打断应聘者。倾听是一门艺术，也是一门技术，同时也是一个人基本修养的体现。善于倾听是管理者必须具备的基本素养，也是面试官应具备的基本技能。

有这么一类管理人员和面试官，他们根本不懂得什么叫倾听，不明白倾听是一个人的基本素质，当与他人沟通时，总是抢占话语主动权，不给对方说话的机会，也根本不听别人说什么，更不用说去判断别人阐述的内容是否合理、有无对错，只顾连珠炮似的表达完自己的意思。这样的沟通，永远达不成一致，带来的只会是隔阂和信息的不对称。可以想象，在面试的过程中，如果采取这样的倾听方式，将会是一个什么样的后果。

同时，在面试环节，面试官抛出问题后，就要认真倾听，对应聘者所提供的信息进行整理分析，对有疑问的地方加以追问，看应聘者能否给出合理的回答。如果不是出现原则性的内容或者出现严重跑题的情况，面试官不宜随意打断应聘者的谈话。一旦应聘者所谈论的内容明显偏离面试主题，面试官须及时用引导性的语言让其回归正题。

（四）如何"切"

中医常常用手触按病人身体，借此了解病人病情。但面试工作的"切"略有不同，整个面试过程在完成了以上"问、望、闻"三步后,接下来就到下结论这一步了。

但是,有人担心通过以上三步,还是不能对应聘者下结论,那该怎么办呢?此时,我们可以通过相关的测评对面试结果进行辅助评判,如心理测试、能力测试、人格测试等等。当然,测评结果只是面试结果的一个辅助性说明,不能完全依靠测评工具,也不能完全单方面相信测评结果,只有将面试结果与测评结果有机结合起来,才能对应聘者做出全面、准确的判断,从而招聘到适合的人才。

为什么我们的产品出来之后都是一模一样的规格和型号呢?因为它们都是用一个模板刻出来的。同样,我们在招聘面试时,也得有一个模板,看应聘者是否真正符合这个岗位。既然面谈完了,也测试过了,我们就得对其进行一个评价,评判一下把他放到那个"模子"里边去是不是刚好合适。不同的产品有不同的模板,不同的岗位也有不同的要求。比如,在选拔管理岗位时,应重视其专业性、统筹协调能力、沟通能力、应变能力等等;在选拔财务人员时,应注重其专业性、细心度、稳定性和个人品质等等;在选拔营销岗位时,应强调应聘者的开拓精神、沟通能力及压力承受能力……

另外,在最终筛选的时候,还应剔除"伪人才",如华而不实者、溜须拍马者、貌似博学者、不懂装懂者、滥竽充数者、鹦鹉学舌者、固执己见者等等,这些人个个都是"东郭先生",最主要的是人品和道德都存在问题,这样的人应该毫不犹豫地拒绝的。

是不是做好以上四步就能使面试工作百分之百地准确无误呢?未必!因为这是一个专业的方法和技术,是需要不断学习、不断钻研、不断总结,反复实践的。同时,还有很重要的一点,就是注意避免受面试官的个人感情因素影响。

由于受多方面因素的影响,面试官在面试过程中或多或少会带有个人偏见,如不喜欢应聘者的长相和穿着,或者觉得应聘者声音比较怪异等,常见的个人偏见主要有以下几种:

①第一印象;②对比效应;③晕轮效应;④录用压力。

在招聘过程中要尽力避免偏见的产生。相信通过以上四步,经过层层筛选,真正的金子也就自然而然地浮出水面了。

四、员工录用

目前来说大部分应聘者为中青年,如今80后、90后新生代员工在绝大多数中国企业的人员年龄结构组成上已成主流,他们在企业工作的稳定性对企业经营生产影响深远,特别是大多数中小企业,由于自身规模较小,实力较弱,待遇一般,且个人发展空间不足,导致企业走进"招人—人员流失—招人—人员流失……"的尴尬局面。另外受企业所处的外部环境因素影响,如企业所处的区域较偏,所在地的用工环境较差,包括劳动合同签订及社会保险购买监管力度不足,当地企业设计的基本工资普遍较低,加班费支付不足,休息休假时间较短等,让企业所在区域对劳动人员吸引力不足,最终导致企业人员招聘困难,所需生产人员无法满足原先企业各岗位的人员需求。而企业生产人员不足,则导致与客户协商好的订单不能如期完成，与客户及时沟通处理好的，尚可以免于赔偿；但如果客户严格执行购销合同约定，其赔偿可能让全体员工辛辛苦苦才完成的订单变得无利可图。另外，因为人员流动性大，大多数劳动密集型中小企业认为员工所从事岗位工作技术简单，人员到岗后未能按生产作业指导书及时对他们进行培训，导致所生产出来的产品质量低下，合格率低，废品率高，所产生的返工成本亦高，在降低了公司生产利润的同时，公司信誉也在客户那里形成了较为不良的评价。这样的情况如不能及时得到改善，企业离走向倒闭也就不远了。因此，中小企业在招聘用人时，须对自身不足进行查找完善，然后再充分利用各种招聘渠道手段搜索人才，面试过程中须注重宣传公司优势福利、人性关怀及符合法律法规的规章制度等，同时注重根据新生代员工心理特征、需求适当灌输科学人生观、就业观教育。最后对整个面试沟通做综合评价，选择愿意配合公司现阶段工作环境，愿意与公司一同成长的员工予以录用。录用后还须及时进行入职指导，让其尽快熟悉公司工作生活环境。现结合中小企业在招聘录用时的薄弱项提出所须注意的工作环节：

（一）做好人力资源规划的工作岗位分析及劳动定员工作

1. 岗位分析

工作岗位分析就是对各类工作岗位的性质任务、职责权限、岗位关系、劳动条件和环境，以及员工承担岗位任务应具备的资格条件所进行的系统研究，并制定出工作岗位说明书等岗位人事规范的过程。

因此，做好工作岗位分析是后续开展招聘录用工作的前提条件，为招聘面试打下坚实的基础。招聘人员开始招聘工作前，必须清楚所招聘岗位工作情况，了解该岗位须懂得哪些基本技能。因为每个人都有自身的专业范畴，作为人力资源工作人员不可能对每一个工作岗位的工作技能一清二楚，有些技能可能一知半解，有些技能可能完全闻所未闻。所以人力资源工作人员在开展招聘工作前，必须认真了解所招聘岗位的工作说明书，对里面的工作技能进行充分了解，不懂部分要及时向该专业人员请教学习，否则无法与求职者展开面谈，无法制定面谈问题，对求职者所说的问题也不知所云，那就更无法确定求职人员是否符合公司该岗位任职要求了。

2. 劳动定员

劳动定员，其概念是在一定的生产技术组织条件下，为保证企业生产经营活动正常进行，按一定素质要求，对企业各类人员所预先规定的限额。

劳动定员必须根据公司组织架构的部门配置状况、正常业务量、各生产工种相应生产效率及工作时间制度等实际情况进行编制。其意义在于可以通过科学的计算方法得出各岗位所需人员数量，防止随意提出招聘需求，结合公司人员在职状况及对各岗位人数的了解，对存在富余人员的岗位做出横向调动，暂时满足缺员岗位。这可以避免增加无谓的人工成本，增大公司不必要的成本开支。

（二）开展招聘工作时主动宣传公司优秀的企业文化和规章制度

企业文化的宣传不仅有利于公司自身文化传承，也有利于吸纳更适合公司的人才。企业文化是指企业在长期发展过程中逐渐形成的为企业大多数成员所认同的基本信念、价值标准和行为规范。企业在日常开展生产经营活动时，要注重员工的业余关怀，比如建立员工关怀基金，当员工或员工家属在生活上遇到厄运而无助彷徨时，适时通过该基金给予慰问关怀，虽然可能该慰问金额不大，但可以让员工感受到公司领导对其的关心与爱护，感受到公司大家庭的温暖；又比如，企业将自身形成的良好的5S习惯宣传出去，让大家看到这家企业在生产现场环境中具有安全、整齐、整洁效果，使人感觉到这家企业具有严谨规范的工作作风。这些都属于企业文化的一部分，我们可以在招聘简章上或宣传图片上，把企业这些良好的企业行为文化通过图片文字的形式宣传出去，让求职人员体会到这家企业虽然现阶段还处于起步发展阶段，但它在生产各个环节上是严格按照流程规范开展的，在生活上给人以温暖舒服的感觉，让他们认为在这家公司工作心理上将很有安全感，从心里认同这家企业，而产生向往并愿意尝试加入进来与公司一道成长。

而关于工资福利待遇的规章制度，又是另一个让求职人员进一步深入了解公司基本状况的一个渠道。对于每一个求职人员来说，他在找工作时都想找一家工资福利待遇比较好的公司，以让自己在生活品质上有所保证或进一步改善。他们在众多的求职搜索渠道中筛选出让自己满意的企业并进行比较，其信息来源最明显的就是招聘网络上的企业简介和现场招聘会的招聘简章。如果一家企业的工资福利待遇制度吸引人，其点击率或驻足人数则相对较多，打电话了解或投送简历的人数亦较多；而那些工资福利制度简单，甚至没有写明工资福利制度的企业，则给人感觉在招聘用人上相对马虎了事，大家可以从这些表面工作上去猜测这家企业的管理是否完善，这直接影响了求职人员的面试意愿，在现今竞争激烈的人才市场之中，对招聘企业来说是相当不利的了。因此，企业必须对自身优秀的工资福利制度予以重视，尽量把自身认为较好的工资福利项目因素对外表达出来，并在员工面试时，能积极主动地予以解释，以让求职人员能全面地了解自己所面试公司的情况，并形成良好的评价和入职意愿。

（三）结合新生代员工心理特征适当开展人生观教育

新生代员工年龄主要为16岁至28岁，总结他们的心理特征主要有如下几点：

1. 打工年龄小，期望高，吃不了苦

大多数新生代员工初中刚毕业就出外打工，他们来到企业所在地区时往往踌躇满志，想通过自己的一番努力积累一定的资本，过上较为优越的生活，可谓对生活充满美好的向往。但由于年纪较小，所接受的教育亦较少，在工作上因知识面、社会阅历不足而影响了对工作的理解接受能力，工作技能水平提升相对较慢，工资水平的提高自然亦变得困难；同时，新生代员工出生时家里给他们的生活条件相对父母一辈已有了很大的改善，他们通

过发达的传媒信息,如网络、电视渠道接触到大量的讲求享乐,享受高消费生活的信息,而对社会上充满诱惑色彩的缤纷世界缺乏理智的分析能力,以致对物质和精神享受要求高,但工作耐受力却较低,较难承受企业里劳动强度较高的一线工作。

2. 自我主观意识强烈

新生代员工多为独生子女,他们在家庭里可谓是爷爷、奶奶、爸爸、妈妈手中的一个宝,在家庭教育上常常被溺爱、迁就,而缺乏素质教育,造成了他们独立开放,追求自我张扬的个性。在日常员工管理中,如果企业主管还是采用过去那套家长式的作风发号施令去让新生代员工务必执行工作任务,而不在事前做一定思想沟通、讲解的话,则可能换来他们的不理不睬,当对他们进行批评教育时,可能会以"懒得理你""你根本就不懂"来回应,而把那个主管落在那里不知如何应对。

3. 情绪波动较大,抗压能力较差

过去娇生惯养,挫折磨炼较少,只注重对其给予满足的教育方式,让新生代员工心理素质比较差,情绪易出现波动,对来自工作生活上的压力也难以承受。为此,当主管对他们做出批评的时候,他们会觉得很难受,情绪变得低落,缺乏工作热情,可能产生怠工行为,对工作任务应付式对待,对部门工作绩效造成了不良影响;严重的则发生旷工或直接辞职的行为。

4. 缺乏责任意识

以独生子女为主的新生代成长条件较好,在日常生活中所遇到的问题都由他们的父母主动承担了,而不让他们去尝试面对,导致不少新生代员工在遇到问题时,害怕担负责任,遇到责任问题时往往选择逃避的方式去面对。而对主管给付的工作任务,他们也是责任心不足,如正常工作时间未能完成的事情,他们没有意识到一定要把事情做完才下班,而是把未完成的事情丢在一边就下班了。

针对新生代员工以上这些心理特征,人力资源工作人员在开展招聘工作时,有必要适当地做一些简短的思想教育,对他们灌输一些正确的人生观、就业观,并从思想教育过程中观察他们的反应,以在后续录用选择时提供依据。另外,这一工作可以改善新生代员工对企业刻板的看法,使他们端正自己今后的工作态度,这对降低辞职率有一定作用。但是,这毕竟是招聘工作,而不是专题培训,因此在面试时开展这些思想教育,以温和的态度,以朋友式的交谈口吻来开展,不要一开口就是板着脸说着人生大道理,否则面试人员难以接受的。

(四)录用人才以发挥企业团队整体效能为原则

招聘人员在招聘人才时,不能受最后期限、岗位等待、部门埋怨与焦虑等因素困扰,为招揽人员能满足公司生产经营空缺岗位而不按公司标准招聘流程执行,随意看下个人简历,对其简历所叙述的技能经验是否符合公司要求不予识别;随意问一下个人工作经历,

听到从事过所招聘岗位相关工作即予录用,而不去分析其过往工作是如何具体执行落实的,执行的最终效果如何也不做评价判断;对员工过往背景也不做调查,不去确认员工所提供资料的真实性。这些都是招聘人员在决定录用求职者时所不能允许的。因为其后果是将会把一些个人技术能力、知识水平并不能满足所招岗位要求的人员录入公司团队中来,对岗位工作目标完成很可能起不到促进作用,相反可能对整个团队任务进程产生拖累。

同时,招聘人员在录用求职人员时,不能片面地追求高学历的、年轻的求职者。尤其是劳动密集型的中小企业,对一线操作工人需求量大,因此在现今劳动力市场人员竞争激烈的情况下,对一些年纪稍大,但手脚灵活的求职人员亦应给予重视,应适当放宽年龄限制。对于那些录用进来的年龄偏大的求职人员,可以安排他们到工作强度及工作效率要求不太高的岗位,对于此类型员工他们也有"自知之明",对自己的期望值也不高,且他们大多不怕劳累,虽然可能收入并不高,但却乐意在企业里长久做下去。而对一些技术岗位或管理岗位,如果该岗位的任职要求不是很高,也无须刻意录用一个高学历的人员加入公司,相反有时录用一个中专或高中学历的求职人员,他会表现出非常高的工作热情,因为觉得这份工作劳动强度并不大,相反有时还挺惬意的,员工对工作感到称心满足,而其能力水平亦符合公司岗位任职要求,这是两全其美的事情。

(五)录用后须对新进人员进行培训教育和关怀

人事部门录用人员后,不能只是对他们进行简历录入就了事了,还须注意进一步对员工进行规章制度培训,并督促用人部门进行岗位培训,让他们尽快地熟悉新进企业的工作环境,了解所在岗位的工作流程和注意事项。同时,应注意主动到他们身边关心他们的工作生活情况,嘘寒问暖,对他们遇到的困难或疑惑及时地想办法给予帮助解决,从而让新进员工感受到加入公司这个大家庭的选择是没有错的,发自内心地认真工作,并不会随便地想离开这家公司。

人力资源工作人员在开展招聘录用工作时,务必对各个招聘程序细致掌握,做好人力资源规划的事前准备工作,灵活选择招聘渠道和面试方法,以能否实现公司整体团队效益为出发点录用人员,并时刻注意关心员工,及时对员工开展入职培训工作。这些人事实务工作对整个人事录用工作流程来说都是必不可少的,只要各个工作环节认真细致开展,新进员工就会切实感受到公司这个大家庭对他们所付出的一切,公司的出勤率就高,各项任务目标完成度也高,产品质量也因人员稳定和岗位技能掌握到位而得到保证,企业的离职率也比较低。

第二节 培训与开发

一、人员培训的含义及重要性

（一）企业员工培训的含义

企业员工培训是指通过一定的科学方法，促使员工在知识、技能、态度等方面得到提高，保证员工具备承担其工作职责的能力，以按照预期的标准完成现在或将来的工作任务的能力。员工培训内容具体包括：

1. 知识培训

对员工所拥有的知识进行更新并提高。

2. 技能培训

对员工所具有的能力加以培养和补充。

3. 态度培训

改变员工的工作态度，使之以积极热情的精神状态投入工作当中。

4. 观念培训

为了改变员工某些固有的观念，使员工做到自我革新，从而在工作中产生热情和干劲，使其持有的与现在外界环境不相适应的观念得到改变。

5. 心理培训

对培训对象进行心理方面的训练，使其潜能得到激发。

（二）员工培训的意义与特点

1. 培训的意义

企业在面临全球化、高质量、高效率的工作系统挑战中，培训显得更为重要。培训使员工的知识、技能与态度明显提高与改善，由此提高企业效益，获得竞争优势。具体体现在以下方面：

（1）能提高员工的职业能力

员工培训的直接目的就是要发展员工的职业能力，使其更好地胜任现在的日常工作及未来的工作任务。在能力培训方面，传统上的培训重点一般放在基本技能与高级技能两个层次上，但是未来的工作需要员工有更广博的知识，因此要培训员工学会知识共享，创造性地运用知识来调整产品或服务的能力。同时，培训使员工的工作能力提高，为其取得好的工作绩效提供了可能,也为员工提供了更多晋升和获取较高收入的机会。

(2) 有利于企业获得竞争优势

面对激烈的国际竞争:一方面,企业需要越来越多的跨国经营人才,为进军世界市场做好人才培训工作;另一方面,员工培训可提高企业新产品研究开发能力,员工培训就是要不断培训与开发高素质的人才,以获得竞争优势,这已为人们所认识。尤其是人类社会步入以知识经济资源和信息资源为重要依托的新时代,智力资本已成为获取生产力、竞争力和经济成就的关键因素。企业的竞争不再依靠自然资源、廉价的劳动力、精良的机器和雄厚的财力,而主要依靠知识密集型的人力资本。员工培训是创造智力资本的途径。智力资本包括基本技能(完成本职工作的技术)、高级技能(如怎样运用科技与其他员工共享信息、对客户和生产系统的了解)以及自我激发创造力。因此,这要求树立一种新的适合未来发展与竞争的培训观念,提高企业员工的整体素质。

(3) 有利于改善企业的工作质量

工作质量包括生产过程质量、产品质量与客户服务质量等。毫无疑问,培训使员工素质、职业能力提高并增强,将直接提高和改善企业工作质量。培训能改进员工的工作表现,降低成本;培训可增加员工的安全操作知识;提高员工的劳动技能水平;增强员工的岗位意识,增加员工的责任感,规范生产安全规程;增强安全管理意识,提高管理者的管理水平。因此,企业应加强对员工敬业精神、安全意识和知识的培训。

(4) 有利于高效工作绩效系统的构建

在 21 世纪,科学技术的发展导致员工技能和工作角色发生变化,企业需要对组织结构进行重新设计(如工作团队的建立)。今天的员工已不再是简单接受工作任务,提供辅助性工作,而是参与提高产品与服务的团队活动。在团队工作系统中,员工扮演许多管理性质的工作角色。他们不仅具备运用新技术获得提高客户服务与产品质量的信息、与其他员工共享信息的能力;还具备人际交往技能和解决问题的能力、集体活动能力、沟通协调能力等。尤其是培训员工学习使用互联网、全球网及其他用于交流和收集信息工具的能力,可使企业工作绩效系统高效运转。

(5) 满足员工实现自我价值的需要

在现代企业中,员工的工作目的更重要的是为了"高级"需求——自我价值实现。培训不断教给员工新的知识与技能,使其能适应或接受具有挑战性的工作与任务,实现自我成长和自我价值,这不仅使员工在物质上得到满足,而且使员工得到精神上的成就感。

2. 员工培训的特性

员工培训的对象是在职人员,其性质属于继续教育的范畴。它具有鲜明的特征:

(1) 广泛性

广泛性指员工培训网络的涉及面广,不仅决策层管理者需要培训,一般员工也需要受训；员工培训的内容涉及企业经营活动或将来需要的知识、技能以及其他问题，员工培训的方式与方法也具有更大的广泛性。

（2）层次性

层次性指员工培训网络的深度，也是培训网络现实性的具体表现。企业战略不同，培训的内容及重点也不同；不同知识水平和不同需要的员工，所承担的工作任务不同，知识和技能需要也各异。

（3）协调性

协调性指员工培训网络是一个系统工程，它要求培训的各环节、培训项目应协调，使培训网络运转正常。首先要从企业经营战略出发，确定培训的模式、培训内容、培训对象；其次应适时地根据企业发展的规模、速度和方向，合理确定受训者的总量与结构；最后还要准确地根据员工的培训人数，合理地设计培训方案、培训的时间、地点，等等。

（4）实用性

实用性指员工的培训投资应产生的一定回报。员工培训系统要发挥其功能，即培训成果转移或转化成生产力，并能迅速促进企业竞争优势的发挥与保持。首先，企业应设计好的培训项目，使员工所掌握的技术、技能、更新的知识结构能适应新的工作。其次，应让受训者获得实践机会，为受训者提供或其主动抓住机会来应用培训中所学的知识、技能和行为方式。最后，为培训成果转化创造有利的工作环境，构建学习型组织。它是一种具有促进学习能力、适应能力和变革能力培养的组织。

（5）长期性和速成性

长期性指随着科学技术的日益发展，人们必须不断接受新的知识，不断学习，任何企业对其员工的培训将是长期的，也是永恒的。员工学习的主要目的是为企业工作，所以，培训一般针对性较强，周期短，具有速成的特点。许多培训是随经营的变化而设置的，如为改善经济技术指标亟须掌握的知识和技能以及为掌握已决定进行的攻关课题、革新项目急需的知识和技能，为强化企业内部管理亟须掌握的管理基本技能，等等。

（6）实践性

实践性指培训应根据员工的生理、心理以及有一定工作经验等特点，应注重实践教学方法。应针对工作实际多采用启发式、讨论式、研究式以及案例式的教学，使员工培训有效果。

（三）员工培训的重要性

1. 员工培训是企业持续发展的力量源泉

员工的素质决定着企业的素质，拥有高素质的人才才可能谈得上持续发展。通过培训，可以使新员工融入企业的文化之中，可以使老员工补充新知识、新技能，以跟上企业发展的步伐。培训使企业人力资本整体增值的同时，也增加了企业自身的价值。

2. 员工培训是一项高回报的投资

低素质的人才队伍，不仅生产效率低下，而且会造成大量浪费。有人在对汽车行业油漆工进行分析时发现，一个技能低下的油漆工人，仅在使用油漆喷枪一项上，一年就会浪费近10万元的油漆。在某种意义上说，员工培训是一项回报极高的投资，通过培训使员工队伍素质得以提升，从而实现增收和节支双重回报。

3. 员工培训是满足企业和员工双方需求的行为

企业要参与市场竞争，就必须拥有高素质的员工队伍。人才要参与人才市场竞争，就必须时时"充电"，吸收新知识和新技能，以增强自身竞争力。培训不仅有利于企业，更有利于员工个人；参与培训是对企业的支持，更是享受一种"福利"。

4. 员工培训是造就人才的一种重要途径

企业需要人才，一种方式是从外面聘请，另一种方式是在内部培养。相比之下，内部培养的人才，更适合于企业，更能融入企业文化之中。在国际上，很多大企业的总裁，都是内部培养起来的，比如麦当劳公司美国总裁，最初只是一位发报纸的工人，通过培训和他自身的努力，最终成了总裁。

二、人员培训的原则和形式

（一）人员培训与开发相关原则

为了保证培训与开发的方向不偏离组织预定的目标，企业必须制定基本原则，并以此为指导。具体包括以下几个方面：

1. 战略原则

企业必须将员工的培训与开发放在战略的高度来认识。员工培训有的能立竿见影，很快会反映到员工工作绩效上；有的可能在若干年后才能收到明显的效果，尤其是对管理人员的培训。因此，许多企业将培训看成是只见投入不见产出的"赔本"买卖，往往只重视当前利益，安排闲"人"去参加培训，而真正需要培训的人员却因为工作任务繁重而抽不开身，结果就出现了所学知识不会用或根本不用的"培训专业户"，使培训真正变成了只见投入不见产出的"赔本"买卖。因此，企业必须树立战略观念，根据企业发展目标及战略制订培训规划，使培训和开发与企业的长远发展紧密结合。

2. 理论联系实际，学以致用原则

员工培训应当有明确的针对性，从实际工作的需要出发，与职位特点紧密结合，与培训对象的年龄、知识结构、能力结构、思想状况紧密结合，目的在于通过培训让员工掌握必要的技能以完成规定的工作，最终为提高企业的经济效益服务。只有这样培训才能收到

实效，才能提高工作效率。

3. 知识技能培训与企业文化培训兼顾的原则

培训与开发的内容，除了文化知识、专业知识、专业技能的培训内容外，还应包括理想、信念、价值观、道德观等方面的培训内容。而后者又要与企业目标、企业文化、企业制度、企业优良传统等结合起来，使员工在各个方面都能够符合企业的要求。

4. 全员培训与重点提高相结合的原则

全员培训就是有计划、有步骤地对在职的所有员工进行培训，这是提高全体员工素质的必经之路。为了提高培训投入的回报率，培训必须有重点，即对企业兴衰有着重大影响的管理和技术骨干，特别是中高层管理人员，再者就是有培养前途的梯队人员，更应该有计划地进行培训与开发。

5. 培训效果的反馈与强化原则

培训效果的反馈与强化是不可缺少的重要环节。培训效果的反馈指的是在培训后对员工进行检验，其作用在于巩固员工学习的技能、及时纠正错误和偏差，反馈的信息越及时、准确培训的效果就越好。强化则是指根据反馈对接受培训人员进行奖励或惩罚。其目的一方面是为了奖励接受培训并取得绩效的人员，另一方面是为了增强其他员工的培训意识，使培训效果得到进一步强化。

（二）建立有效培训体系的基本原则

1. 理论联系实际、学以致用的原则

员工培训要坚持针对性和实践性，以工作的实际需要为出发点，与职位的特点紧密结合，与培训对象的年龄、知识结构紧密结合。

2. 全员培训与重点提高的原则

有计划、有步骤地对在职的各级各类人员进行培训，提高全员素质。同时，应重点培训一批技术骨干、管理骨干，特别是中高层管理人员。

3. 因材施教的原则

针对每个人员的实际技能、岗位和个人发展意愿等开展员工培训工作，培训方式和方法切合个人的性格特点和学习能力。

4. 讲求实效的原则

效果和质量是员工培训成功与否的关键，为此必须制订全面周密的培训计划和采用先进科学的培训方法和手段。

5. 激励的原则

将人员培训与人员任职、晋升、奖惩、工资福利等结合起来，让受训者受到某种程度

的鼓励，同时管理者应当多关心培训人员的学习、工作和生活。

（三）员工培训的八种形式

1. 讲授法

讲授法属于传统的培训方式，优点是运用起来方便，便于培训者控制整个过程；缺点是单向信息传递，反馈效果差。常被用于一些理念性知识的培训。

2. 视听技术法

通过现代视听技术（如投影仪、DVD、录像机等工具），对员工进行培训。优点是运用视觉与听觉的感知方式，直观鲜明。但学员的反馈与实践较差，且制作和购买的成本高，内容易过时。它多用于企业概况、传授技能等培训内容，也可用于概念性知识的培训。

3. 讨论法

按照费用与操作的复杂程序又可分成一般小组讨论与研讨会两种方式。研讨会多以专题演讲为主，中途或会后允许学员与演讲者进行交流沟通。优点是信息可以多向传递，与讲授法相比反馈效果较好，但费用较高。而小组讨论法的特点是信息交流时方式为多向传递，学员的参与性高，费用较低。多用于巩固知识，训练学员分析、解决问题的能力与人际交往的能力，但运用时对培训教师的要求较高。

4. 案例研讨法

通过向培训对象提供相关的背景资料，让其寻找合适的解决方法。这一方式费用低，反馈效果好，可以有效训练学员分析解决问题的能力。另外，近年的培训研究表明，案例、讨论的方式也可用于知识类的培训，且效果更佳。

5. 角色扮演法

受训者在培训教师设计的工作情况中扮演某一角色，其他学员与培训教师在学员表演后做适当的点评。由于信息传递多向化，反馈效果好、实践性强、费用低，因而多用于人际关系能力的训练。

6. 自学法

这一方式较适合于一般理念性知识的学习。由于成人学习具有偏重经验与理解的特性，让具有一定学习能力与自觉的学员自学是既经济又实用的方法，但此方法也存在监督性差的缺陷。

7. 互动小组法

互动小组法也称敏感训练法。此法主要适用于管理人员的人际关系与沟通训练，让学员在培训活动中亲身体验来提高他们处理人际关系的能力。其优点是可明显提高人际关系与沟通的能力，但其效果在很大程度上依赖于培训教师的水平。

8. 网络培训法

网络培训法是一种新型的计算机网络信息培训方式，投入较大。但由于使用灵活，符合分散式学习的新趋势，节省学员集中培训的时间与费用。这种方式信息量大，新知识、新观念传递优势明显，更适合成人学习。因此，特别为实力雄厚的企业所青睐，也是培训发展的一个必然趋势。

三、管理人员的开发

管理人员作为企业的主导力量，在组织的一切活动中处于领导地位，管理人员水平的高低直接关系着一个企业的兴衰成败。每一个企业都应该把对管理人员的培训与开发当作一项关系组织命运和前途的战略。由于管理人员的特殊性，如何针对现有的高层、中层和基层的管理人员的培训需求进行相应的培训设计，是本文需要分析的工作。

作为管理人员，都需要学习训练诸如计划、组织、领导、控制、沟通、协调和激励等能力与手段，但是因为工作层面的不同，所须学习和训练的内容也有所侧重。

其中专业技能是指对生产产品或提供服务的特定知识、程序和工具的理解和掌握。人文技能是指在组织中建立融洽人际关系并作为群体的一员有效工作的能力。理念技能是指从整体上把握组织的目标、洞察组织与环境的相互关系的能力。对于高层管理者来说，理念技能是最重要的；中层管理者最重要的是人文技能；而基层管理者最重要的是专业技能，占到了能力构成的一半。

如何针对不同层次的管理人员来实施不同的培训内容，是很多致力于培养接触管理队伍的企业需要解决的问题。

（一）对不同层次管理人员进行培训的必要性和目标

1. 高层管理人员

（1）高层管理者培训的必要性

高层管理者的决策往往和企业的命运息息相关。企业的成长和发展与外部市场环境紧密相关，如何能够保证企业敏锐地捕捉市场变化的趋势，同时对企业内部的结构和各种制度方式进行适应性的调整成为企业发展的一个挑战。高层管理人员由于具有更多的能力和资源分配权力，在这个调整适应的过程中担当的角色也更为重要，对高层管理人员进行培训开发是满足企业适应市场能力的需要。

（2）高层管理者培训的目标

作为企业的掌舵人，高层管理者应该具备广阔的视野，能系统地把握当今全球的社会、政治、经济形式，深刻理解和洞察企业内外部各种因素的作用，提高从全局观点对企业的战略、目标、方针及发展进行创造性的规划、决策、控制的能力，提高组织的活力和绩效。

2. 中层管理者

（1）中层管理者培训的必要性

中层管理人员主要包括由企业各级各职能部门管理人员组成的精英集团，他们承担着企业日常经营中包括计划、供应、技术、质量、设备、动力、财务、销售、人事、教育、情报、计量、后勤等各种职能的具体计划、组织领导和控制工作，是企业的中坚力量。在这样一个集团中，要造就或者选择一个或者少数好的经理并不难，但要组织一个精明强干、高效率、高水准的经理集团却不容易；要找出在短期内干劲十足的经理集团也不难，但要培养出长期的、持续的、强有力的经理却是难的。

（2）中层管理者培训的目标

与高层管理者的培训相比，对中层管理者应该侧重于进行业务的培训，同时也要向他们传递相关的管理新知识和理念，使他们更好地理解和执行企业高层的决策方针，更有效地计划、组织、领导和控制企业的日常经营职能，实现企业从理想的目标向现实的业务产出的顺利转换。因此培训的目标应该包括：

①为其提供胜任未来工作所必需的经验、知识和技能，使他们能够适应不断变化的环境中复杂的具体问题。

②使企业的宗旨、使命、价值观和管理文化理念能够得到顺利的传达，并且真正在企业中发扬光大。

③培养个别骨干分子成为企业未来高层管理者的接班人。

3. 基层管理者

（1）基层管理者培训的必要性

基层管理者是对企业生产、销售等经营活动第一线执行管理职能的直接管理层，包括在生产和服务一线中起监督、指导作用的监工、领班等。由于他们与实际操作员工最接近，其管理水平将直接影响着企业员工的积极性和对企业的忠诚度。

（2）基层管理者培训的目标

基层管理者是工人的技术传授者和督导者，不仅要更好地执行上级的指令，而且要在自己判断基础之上提出改进和创新的建议。对其的培训应该能够让他们提高与基层事务工作相结合的能力，能够让他们很好地处理第一线日常工作出现的各种问题。

总之，对企业各级管理人员的培训要着眼于提高企业的整体经营管理能力和水准，因此要全面考察高层、中层和基层管理人员的管理绩效、能力水平等，找出企业经营管理中关键性的、全局性的问题，带动企业从决策层到执行层到操作层的整个管理机制的改造。

（二）对不同层次管理者进行培训设计的方案内容

1. 高层管理者

高层管理者的决策往往和企业的命运息息相关。但是高层管理者的知识结构也存在一个结构老化的问题，如何对高层管理者进行培训具有许多独特之处。比如培训的内容可能更加侧重于宏观或者战略方面，培训时间的安排比较弹性化，培训进程可能时常中断等。这些都是企业在对高层管理者进行培训时需要认真考虑的问题。

高层管理者应参加的培训内容包括：

（1）先进观念

全球观念、国际视野、企业家精神、团队精神、道德品质和伦理等。

（2）必备知识及知识的补充和更新

①理论知识与专业知识：包括管理知识、经济知识、科技知识、政治知识和交往知识。同时需要熟练掌握或者基本了解的学科有：战略管理、决策与控制、业务变革与流程改造、企业文化、管理学、管理哲学、国际企业经营学、财务管理、定量分析、人力资源开发与管理等。除了以上有关基础知识和专业知识之外，还需要基本了解所管理业务要求的专业知识。

②环境知识：国家的法律法规、国家的相关政策、相关的环保知识、同行业市场信息。

③组织知识：组织内制度与政策、企业主要工作流程、机构设置与部门设置、组织文化等。

（3）工作技能与综合能力要素

前瞻或预测能力、战略决策能力、知人善任能力、组织指挥能力、应变能力、语言表达能力、协调能力、创新能力、学习能力、与媒体的公关和宣传的把握能力。

培训方式：根据以上的培训目标，在设计时分在职培训和脱岗培训两种方式来组织培训。主要采取高级研习班、研讨班、报告会、自学、案例讨论等及在职MBA、出国考察、出国挂职锻炼、与国内外知名企业管理人员交流经验、业务进修等学习方式。

2. 中层管理者

对中层管理者的培训主要内容是开发他们的胜任能力，使他们具备关于企业内外形势的认识和发展观点，提高他们关于业务的决策能力、计划能力，让他们深刻地理解和认识现代企业经营管理的体系和经营活动中人的行为，提高他们对人的判断和评价能力以及与人的沟通交流能力，真正做好上传下达的工作。因此中层管理者培训的相关内容为：

①对企业内外形势的认识，如本企业的目标和当前的问题。

②相关业务管理能力，如如何编制预算。

③管理团队及下属，如工作协调和部门间的合作。

培训方法：工作轮换、多层次参与管理、派往海外任职、E-learning、团队培训、行动学习等。

3. 基层管理人员

基层管理者在培训中由于其所在基层的特点，在培训内容上也有不同的侧重点。基层管理者培训的相关内容为：

①管理知识，如企业总体经营计划和分计划、工作标准化等；

②管理工作的实施，如如何进行生产组织、操作和流程改造等；

培训方法：让基层管理人员参加一些他们通常不参加的会议；鼓励基层管理人员提出有创见的竞赛活动；鼓励员工就自己的研究或工作项目在企业内外进行介绍或报告；相关企业参观学习等。

对企业各级管理人员的培训要着眼于提高企业的整体经营管理能力和水准，因此要全面考察高层、中层和基础管理人员的管理绩效、能力水平等，找出企业经营管理中关键性的、全局性的问题，带动企业从决策层到执行层到操作层的整个管理机制的改造。

第七章 绩效与薪酬管理

第一节 绩效管理

一、绩效考核管理概述

（一）绩效考核概述

1. 绩效考核概念

绩效考核是一项系统工程，涉及公司的发展规划、战略目标体系及其目标责任体系、指标评价体系、评价标准、评价内容及评价方法等，其核心是促进企业管理水准的提高及综合实力的增强，其实质是使员工个人的能力得以提升，并确保人尽其才，使人力资源的作用发挥到极致。

明确这个概念，可以明确绩效考核的目的及重点。企业制订了发展规划、战略目标，为了更好地完成这个目标需要把目标分阶段分解到各部门各人员身上，也就是说每个人都有任务。绩效考核就是对企业人员完成目标情况的一个跟踪、记录、考评。

2. 绩效考核内容

①业绩考核。

②行为考核。

3. 绩效考核的作用

（1）达成目标

绩效考核本质上是一种过程管理，而不是仅仅对结果的考核。它是将中长期的目标分解成年度、季度、月度指标，不断督促员工实现、完成的过程，有效的绩效考核能帮助企业达成目标。

（2）挖掘问题

绩效考核是一个不断制订计划、执行、改正的 PDCA 循环过程，体现在整个绩效管理环节，包括绩效目标设定、绩效要求达成、绩效实施修正、绩效面谈、绩效改进、再制定目标的循环，这也是一个不断发现问题、改进问题的过程。

（3）分配利益

与利益不挂钩的考核是没有意义的，员工的工资一般都分为两个部分：固定工资和绩效工资。绩效工资的分配与员工的绩效考核得分息息相关，所以一说起考核，员工的第一反应往往是绩效工资的发放。

（4）促进成长

绩效考核的最终目的并不是单纯地进行利益分配，而是促进企业与员工的共同成长。通过考核发现问题、改进问题，找到差距进行提升，最后达到双赢。

4. 绩效考核的应用

绩效考核的应用重点在薪酬和绩效的结合上。在人力资源管理中，薪酬与绩效是两个密不可分的环节。在设定薪酬时，一般已将薪酬分解为固定工资和绩效工资，绩效工资正是通过绩效予以体现，而对员工进行绩效考核也必须表现在薪酬上，否则绩效和薪酬都失去了激励的作用。

5. 绩效考核的主题

合格的绩效考核者应了解被考评者职位的性质、工作内容、要求以及绩效考核标准，熟悉被考评者的工作表现，最好有近距离观察其工作的机会，同时要公正客观。多数企业在选择考核主体时，多采用360度全方位考核方式，考核者选用被考评者的上司、同事、下属、被考评者本人和外部专家。

上司考核的优点是对工作性质、员工的工作表现比较熟悉，考核可与加薪、奖惩相结合，有机会与下属更好地沟通，了解其想法，发现其潜力。但也存在一定缺点，由于上司掌握着切实的奖惩权，考核时下属往往心理负担较重，不能保证考核的公正客观，可能会挫伤下属的积极性。

同事考核的优点是对被考评者了解全面、真实。但由于彼此之间比较熟悉和了解，受人情关系影响，可能会使考核结果偏离实际情况。最适用的情况是在项目小组中，同事的参与考核对揭露问题和鞭策后进起着积极作用。

下属考核可以帮助上司发展领导管理才能，也能达到权力制衡的目的，使上司受到有效监督。但下属考核上司有可能片面、不客观；由下级进行绩效考核也可能使上司在工作中缩手缩脚，影响其工作的正常开展。

自我考核是最轻松的考核方式，不会使员工感到很大压力，能增强员工的参与意识，而且自我考核结果较具建设性，会使工作绩效得到改善。缺点是自我考核倾向于高估自己的绩效，因此只适用于协助员工自我改善绩效，在其他方面（如加薪、晋升等）不足以作为评判标准。

外部专家考核的优点是有绩效考评方面的技术和经验，理论修养高，与被考评者没有瓜葛，较易做到公正客观。缺点是外部专家可能对公司的业务不熟悉，因此，必须有内部人员协助。此外，聘请外部专家的成本较高。

（二）绩效考核的技巧

实行绩效考核体制之前，应先对公司的管理层做一个调整，做一个考核，这个考核分工作态度、工作技能、工作效率、工作成绩、团队意识、沟通能力、配合能力、员工印象几个方面。只有先将管理层考核清了，调整到位了，员工才会相信绩效考核体制，才会配合工作，也才会再次调动起积极性。

首先，要建立企业内部申诉机制，让员工在遭遇不公正、不公平待遇时有一个申诉与解决的通畅途径，避免因领导者情感因素伤害职业打工者的权益。

其次，企业内部不仅要确定不同部门或岗位的权利、义务，同时还必须采取自上而下的岗位描述，明确细化的岗位职责及考核标准，避免将考绩沦为一种粗放的能力"审判"。

（三）完善的绩效考核内容

①详细的岗位职责描述及对职工工资的合理分配。

②尽量将工作量化。

③人员岗位的合理安排。

④考核内容的分类。

⑤企业文化的建立，如何让人成为"财"而非人"材"是考核前必须考虑的重要问题。

⑥明确工作目标。

⑦明确工作职责。

⑧从工作的态度（主动性、合作、团队、敬业等）、工作成果、工作效率等几个方面进行评价。

⑨给每项内容细化出一些具体的档次，每个档次对应一个分数，每个档次要给予文字的描述以统一标准（比如优秀这个档次一定是该员工在同类员工中表现明显突出的，并且需要用具体的事例来证明）。

⑩给员工申诉的机会。

（四）绩效考评的形式

1. 按考评时间分类

（1）日常考评

日常考评指对被考评者的出勤情况、产量和质量实绩、平时的工作行为所做的经常性考评。

（2）定期考评

定期考评指按照一定的固定周期所进行的考评，如年度考评、季度考评等。

2. 按考评主体分类

按考评主体分为主管考评、自我考评、同事考评和下属考评，即"360度考评方法"。

①主管考评，指上级主管对下属员工的考评。这种由上而下的考评，由于考评的主体是主管领导，所以能较准确地反映被考评者的实际状况，也能消除被考评者心理上不必要的压力。但有时也会受主管领导的疏忽、偏见、感情等主观因素的影响而产生考评偏差。

②自我考评，指被考评者本人对自己的工作实绩和行为表现所做的评价。这种方式透明度较高，有利于被考评者在平时自觉地按考评标准约束自己。但最大的问题是有"倾高"现象存在。

③同事考评，指同事间互相考评。这种方式体现了考评的民主性，但考评结果往往受被考评者的人际关系的影响。

④下属考评，指下属员工对他们的直接主管领导的考评。一般选择一些有代表性的员工，用比较直接的方法，如直接打分法等进行考评，考评结果可以公开或不公开。

⑤顾客考评。许多企业把顾客也纳入员工绩效考评体系中。在一定情况下，顾客常常是唯一能够在工作现场观察员工绩效的人，此时他们就成了最好的绩效信息来源。

3. 按考评结果的表现形式分类

①定性考评。其结果表现为对某人工作评价的文字描述，或对员工之间评价高低的相对次序以优、良、中、及格、差等形式表示。

②定量考评。其结果以分值或系数等数量形式表示。

二、绩效考核管理的原则与标准

（一）绩效考核管理原则

1. 基本原则一

（1）公平原则

公平是确立和推行人员考绩制度的前提。不公平就不可能发挥考绩应有的作用。

（2）严格原则

考绩不严格，就会流于形式，形同虚设。考绩不严，不仅不能全面地反映工作人员的真实情况，还会产生消极的后果。考绩的严格性包括：要有明确的考核标准；要有严肃认真的考核态度；要有严格的考核制度与科学而严格的程序及方法等。

（3）单头考评的原则

对各级职工的考评，都必须由被考评者的"直接上级"进行。直接上级相对来说最了解被考评者的实际工作表现（成绩、能力、适应性），也最有可能反映真实情况。间接上级（上级的上级）对直接上级做出的考评评语，不应当擅自修改。这并不排除间接上级对考评结果的调整修正作用。单头考评明确了考评责任所在，并且使考评系统与组织指挥系统取得一致，更有利于加强经营组织的指挥机能。

（4）结果公开原则

考绩的结论应对本人公开，这是保证考绩民主的重要手段。这样做，一方面，可以使被考核者了解自己的优点和缺点、长处和短处，从而使考核成绩好的人再接再厉，继续保持先进，也可以使考核成绩不好的人心悦诚服，奋起上进；另一方面，还有助于防止考绩中可能出现的偏见以及种种误差，以保证考核的公平与合理。

（5）结合奖惩原则

依据考绩的结果，应根据工作成绩的大小、好坏，有赏有罚，有升有降。这种赏罚、升降不仅与精神激励相联系，还必须通过工资、奖金等方式同物质利益相联系，这样才能达到考绩的真正目的。

（6）客观考评的原则

人事考评应当根据明确规定的考评标准，针对客观考评资料进行评价，尽量避免渗入主观性和感情色彩。

（7）反馈的原则

考评的结果（评语）一定要反馈给被考评者本人，否则就起不到考评的教育作用。在反馈考评结果的同时，应当向被考评者就评语进行说明解释，肯定成绩和进步，说明不足之处，提出今后努力的参考意见，等等。

（8）差别的原则

考核的等级之间应当有鲜明的差别界限，针对不同的考评评语在工资、晋升、使用等方面应体现明显差别，使考评带有刺激性，鼓励职工的上进心。

2. 基本原则二

（1）清晰的目标

对员工实行绩效考核的目的是为了让员工实现企业的目标和要求，所以目标一定要清晰。要什么，就考核员工什么。

（2）量化的管理标准

考核的标准一定要客观，量化是最客观的表述方式。很多时候企业的绩效考核不能推行到位，沦为走过场，都是因为标准太模糊，要求不量化。

（3）良好的职业化的心态

绩效考核的推行要求企业必须具备相应的文化底蕴，要求员工具备一定的职业化素质。事实上，优秀的员工并不惧怕考核，甚至欢迎考核。

（4）与利益、晋升挂钩

与薪酬不挂钩的绩效考核是没有意义的，考核必须与利益、薪酬挂钩，这样才能够引起企业自上至下的重视和认真对待。

（5）具有掌控性、可实现性

绩效考核是企业的一种管理行为，是企业表达要求的方式，其过程必须为企业所掌控。

3."三重一轻"原则

绩效考核只有渗透到日常工作的每个环节当中，才能真正发挥效力，如此，应遵循以下"三重一轻"的原则：

①重积累：平时的点点滴滴，正是考核的基础。

②重成果：大大小小的成果，可以让员工看到进步，才有前进的动力。

③重时效：指定一个固定的时间考核，往往想不起来当初发生的事情。考核，应该就在事情发生的当下，而不是过了很久之后。

④轻便快捷：复杂的绩效考核方式，需要专业人员的指导才可能取得预期效果。若针对并不复杂的中小企业，更侧重于通过轻量的方式，为管理者提供和积累考核素材。

（二）绩效考核标准的确立

建立员工绩效考核体系是评价员工业绩的有效途径，也是确定员工薪酬水平的重要依据。如何才能建立员工绩效考核体系呢？这就要求企业做到：考核范围要明确，考核制度要完善，考核条款要细化，符合实际，要有可操作性；考核方式要全面、客观，考核评价要公平、公开、公正；考核时间要固定。

员工绩效考核体系要经集体讨论确定，一经确定便不能随意更改，以维护制度的尊严；考核体系一定要有严格的监督机制，以保证制度的有效性、持续性。

考核体系应包括个性特质评价、职业行为能力评价和关键业绩指标考核。

1. 个性特质评价

对员工个体特质评价，首先要建立企业内部各种职务的素质模型。比如说，开发岗位要求任职者具备创新意识、成就追求、善沟通、善学习等方面的个性特质；销售岗位要求任职者具备主动性、敏感性、能把握商机、善于谈吐、能经受住挫折、不怕被拒绝等个性特质。以上所说的不同素质要求也就形成了不同职务的素质模型。在这个基础上，也就可以建立相应的考核体系，用以检测相关员工是否具备某一职务所要求的个性特质。

2. 职业行为能力评价

职业行为能力评价的前提是对企业的所有职务进行横向和纵向的划分，明确各种职务的角色定位和能力要求，进而制定出各种职务的行为能力标准。比如，某一个公司规定招聘人事部员工的行为能力标准是：

①能进行人力资源需求调查，收集、分析有关资料，制订出人力需求方案。

②能进行招聘活动的策划、实施，熟悉有关劳动法规、人员甄选和面试的流程，并能处理招聘中的突发事件。

③能处理应聘人员的分流安置工作。

④能从事招聘管理方面的制度建设。

有了这些行为能力标准，就可以用它来衡量应聘者或拟任者是否具备相应的任职资格。

3. 关键业绩指标考核

对员工进行关键业绩指标考核的基础是在企业内部建立一个关键业绩指标体系。在这个体系中，个人目标、部门目标与公司之间要保持高度的一致性。企业首先要根据不同时期的战略目标和管理重点制定出某一阶段的关键业绩指标体系。比如，某一公司经过研讨之后，认为影响该企业成功的关键要素是：人员素质、技术领先、制造精良、顾客服务、市场优势、利润增长等六方面，接着他们找出这些因素所体现的重点业务，如技术领先就体现在产品品种和推向市场的速度等重点业务；市场优势就体现在市场份额和营销网络等重点业务。这些重点业务也就成了企业关键业绩指标的项目。

三、绩效考核管理的方法与实施

（一）绩效考核方法

1. 图尺度考核法

图尺度考核法是最简单和运用最普遍的绩效考核技术之一，一般采用图尺度表填写打分的形式进行。

2. 交替排序法

交替排序法是一种较为常用的排序考核法。其原理是：在群体中挑选出最好的或者最差的绩效表现者，较之于对其绩效进行绝对考核要简单易行得多。因此，交替排序的操作方法就是分别挑选、排列"最好的"与"最差的"，然后挑选出"第二好的"与"第二差的"，这样依次进行，直到将所有的被考核人员排列完全为止，从而以优劣排序作为绩效考核的结果。交替排序在操作时也可以使用绩效排序表。

3. 配对比较法

配对比较法是一种更为细致的通过排序来考核绩效水平的方法，它的特点是每一个考核要素都要进行人员间的两两比较和排序，使得在每一个考核要素下，每一个人都和其他所有人进行了比较，所有被考核者在每一个要素下都获得了充分的排序。

4. 强制分布法

强制分布法是在考核进行之前就设定好绩效水平的分布比例，然后将员工的考核结果安排到分布结构里去。

5. 关键事件法

关键事件法是一种通过员工的关键行为和行为结果来对其绩效水平进行绩效考核的方法，一般由主管人员将其下属员工在工作中表现出来的非常优秀的行为事件或者非常糟糕的行为事件记录下来，然后在考核时点上（每季度或者每半年）与该员工进行一次面谈，根据记录共同讨论来对其绩效水平做出考核。

6. 行为锚定等级考核法

行为锚定等级考核法是基于对被考核者的工作行为进行观察、考核，从而评定绩效水平的方法。

7. 目标管理法

目标管理法是现代企业更多采用的方法，管理者通常强调利润、销售额和成本这些能带来成果的结果指标。在目标管理法下，每个员工都确定有若干具体的指标，这些指标是其工作成功开展的关键目标，它们的完成情况可以作为评价员工的依据。

8. 叙述法

在进行考核时，以文字叙述的方式说明事实，包括以往工作取得了哪些明显的成果，工作上存在的不足和缺陷是什么。

9. 360度考核法

360度考核法又称交叉考核，亦即将原本由上到下，由上司评定下属绩效的旧方法，转变为全方位360度交叉形式的绩效考核。在考核时，通过同事评价、上级评价、下级评价、客户评价以及个人评价来评定绩效水平的方法。交叉考核不仅是绩效评定的依据，而且能从中发现问题并进行改革提升，找出问题原因所在，并着手拟订改善工作计划。

（二）绩效考核的周期

1. 绩效考核周期的概念

绩效考核周期也叫作绩效考核期限，是指多长时间对员工进行一次绩效考核。绩效考核通常也称为业绩考评或"考绩"，是针对企业中每个职工所承担的工作，应用各种科学的定性和定量的方法，对职工行为的实际效果及其对企业的贡献或价值进行考核和评价。

由于绩效考核需要耗费一定的人力、物力，因此考核周期过短，会增加企业管理成本；

但是，绩效考核周期过长，又会降低绩效考核的准确性，不利于员工工作绩效的改进，从而影响绩效管理的效果。因此，在准备阶段，还应当确定出恰当的绩效考核周期。

2. 绩效考核周期确定须考虑的因素

（1）职位的性质

不同的职位，工作的内容是不同的，因此绩效考核的周期也应当不同。一般来说，职位的工作绩效是比较容易考核的，考核周期相对要短一些。

（2）指标的性质

不同的绩效指标，其性质是不同的，考核的周期也应不同。一般来说，性质稳定的指标，考核周期相对要长一些；相反，考核周期相对就要短一些。

（3）标准的性质

在确定考核周期时，还应当考核到绩效标准的性质，就是说考核时间应当保证员工经过努力能够实现这些标准，这一点其实是和绩效标准的适度性联系在一起的。

（三）绩效沟通与反馈

1. 绩效沟通

综合部将考核结果告知被考核者，被考核者的直接上级会就绩效考核的结果与被考核者面谈，若被考核者对考核结果无异议，则在考核结果表上签字确认；若有异议，则可进行绩效考核申诉。

2. 制订绩效改进计划

对被考核者的绩效考核结束后，各级考核者与被考核者应及时对其绩效中未达到公司要求的内容进行分析并制订出相应的改进计划。各级考核者应为被考核者提供绩效改进指导和帮助，并跟踪其改进结果。

（四）绩效考核六步走

企业的绩效考核，应当分作六个具体的行动步骤组织实施。把每一个步骤列为一个作业单元，在行动前精心组织操作培训和专项辅导，并进行必要的模拟演练。

第一步：确定考核周期。

依据企业经营管理的实际情况（包括管理形态、市场周期、销售周期和生产周期），确定合适的考核周期。工作考核一般以月度为考核周期，每个周期进行一次例行的重点工作绩效考核。对需要跨周期才可能完成的工作，也应列入工作计划进行考核。可以实行时段与终端相结合的考核方法，在开展工作的考核周期，考核工作的进展情况；在完成工作的考核周期，考核工作的终端结果。

第二步：编制工作计划。

按照考核周期，作为考核对象的职能部门、业务机构和工作责任人，于周期期初编制所在部门或岗位的工作计划，对纳入考核的重点工作内容进行简要描述。每一项重点工作都要明确设置工作完成的时间指标和质效指标。同时按照预先设定的计分要求，设置每一项重点工作的考核分值。必要时，附加开展重点工作的保障措施。周期工作计划应按照时间要求编制完成，并报送考核执行人确认，然后付诸实施。

第三步：校正量效化指标。

绩效考核强调重点工作的开展和完成必须设置量效化指标，量化指标是数据指标，效化指标是成效指标。重点工作的量效化指标，反映了重点工作的效率要求和价值预期。另外，在实际工作的操作中，并不是所有的工作结果或成效，都可以用数据指标进行量化的，而效化指标则比较难以设置和确定，需要一定的专业素质和及时的信息沟通。因此，考核执行人应会同考核对象，对重点工作的量效化指标进行认真校正并最终确定，保障重点工作的完成质效。

第四步：调控考核过程。

在管理运转中，存在并发生着不确定性因素，容易造成工作变数，考核也是如此。当工作的变化、进展和预置的计划发生冲突时，首先应该对变化的事物进行分析，准确识别变化的原因和走向，然后对工作计划和考核指标做出及时、适当的调整改进。

第五步：验收工作成效。

每个周期期末，在设定的时间内，考核执行人依据预置或调整的周期工作计划，对考核对象的重点工作完成情况进行成效验收。按照每项工作设置的量效化指标和考核分值，逐项核实工作成效，逐项进行评分记分，累计计算考核对象在该考核周期内重点工作完成情况的实际得分，并就工作的绩效改进做出点评。

第六步：考核结果运用。

考核的目的是改进绩效、推进工作、提高效率。考核对象重点工作完成情况的实际得分即为考核结果。如何运用考核结果，会直接影响考核的激励作用。要切实结合企业管理资源的实际情况，充分考虑企业文化的负载能力，在这个基础上选择和确定考核结果的运用方式。在这里简单罗列几种考核结果的运用方法。

一是考薪挂钩，就是考核结果与薪资收入并轨，按照考核得分，计算薪资实际收入。这个薪资可能是职能职务薪酬或岗位工资，也可以是独立设立的绩效工资，还可能是效益奖金。

二是考职挂钩，把考核结果与考核对象的职位挂钩。考核对象由于主观因素，在较长时间内不能按计划完成重点工作或者不适于承担所在岗位的工作职责，应合理地调整其岗位或职务，避免重点工作遭受损失。

三是信息整合，通过考核，可以反映、整合并有效利用多个方面的考核信息。如资源配置信息、岗位设置信息、管理损耗信息、工作问题信息和人才信息，等等。考核结果的信息运用，能够为企业的工作决策、管理运转和人才的培养使用，提供重要的信息支持。

（五）企业实施绩效考核

1. 应具备的条件

绩效考核的应用是企业发展到一定阶段的产物。

（1）企业初创期

投入多，产出少，以人治为主，对企业经营业绩评价的必要性未能体现。

（2）企业成长期

经过了原始积累，扩张速度快，经营战略目标得到确定，这时围绕企业战略目标，如何通过提高公司各部门工作效率保证目标实现的问题显得非常必要且重要。此时企业绩效考核被摆到重要位置上，得到应用并处于不断完善状态，可促进企业发展。

（3）企业成熟期

发展速度减慢，企业进入最佳发展时期，绩效考核经过了完善过程进入成熟状态，有效地促进了企业发展。

（4）企业衰退期

业务发展阻滞，组织需要变革，绩效考核处于次要位置，其对企业的促进作用减弱，甚至停止。

（5）企业更生期

通过产品技术、人力资源整合，企业进入新一轮的成长期，绩效考核也会随着企业变更及成长进入一个新的创新发展期。

2. 应注意的问题

（1）考核目的

要开展绩效考核工作，首要回答的问题就是为什么要开展绩效考核工作，这个问题不加以明确，势必使绩效考核陷于盲目。

企业要开展绩效考核工作，核心问题是使企业的战略目标得以顺利实现。要实现战略目标，人是其中最关键的因素。如何使人力资源发挥最大效能，调动人的积极性，使企业各级管理人员都有使命感，进而发挥创造力，使公司具有运行活力，进而对人力资源进行整合，使优者得其位，劣者有压力并形成向上动力，使企业目标在优化的人力资源作用下得以顺利实现等问题，正是绩效考核所要解决的最本质的问题。

(2) 目标责任体系

①从目标到责任人。绩效考核不是孤立事件，它与企业人力资源管理、经营管理、组织架构和发展战略都具有联系，企业战略目标通过目标责任体系和组织结构体系分解到各个事业单元，与对应的责任人挂钩。

②从出发点到终点。因目标不是独立部门可完成的，从任务出发点到终点，通过企业每一环节的优秀业绩，保证整体业绩的最优。因此应根据业务流程图，明确部门间的协作关系，并对协作部门相互间的配合提出具体要求。

③对目标责任的一致认可。对工作目标的分解，要组织相关责任人多次研讨，分析可能性，避免执行阻力，直到目标由考核者和被考核者达成一致，这时以责任书的方式统一发布，并要明确奖惩条件，由责任书发出者与责任书承担者双方签订责任书的方式确定。

(3) 评价标准

第一，成功关键因素。

企业经营业绩并不是简单的投资与报酬，成本与收益之间的对比关系，无论是成本还是收益，均受多种因素的影响。指标设定得科学、全面、有效性与否直接关系到绩效考核的客观性和公正性。因此指标设定，是成功完成目标责任的关键因素，通过对这些因素监督、控制、考核的过程，推进目标的实现。

第二，指标确定。

①通过努力在适度的时间内可以实现，并有时间要求。

②指标是具体的、数量化的、行为化的，具有可得性。

③可衡量化，不论是与过去比，与预期比，还是与特定参照物比，与所花费的代价比较，都有可操作性，是现实的、可证明的、可观察的。

④不能量化的，描述细化、具体，可操作。

⑤经过同意制定，说服力强。

3. 考核办法

(1) 直线制管理考核办法

在平衡计分卡考核体系下，对具体的责任人进行考核时，由责任人的聘用者、任务发出者及责任人的服务管理对象作为主要考核人，对责任人的工作业绩进行考核。同时责任人的个人业绩测评、责任人的协作部门的测评可作为辅助测评意见。以上意见进行综合，作为该责任人的绩效考核成果。

公司董事长由董事会成员、监事会成员、高管层进行考核；董事长及监事会成员、总经理分管工作的单位负责人及其员工代表、客户等对总经理的工作业绩进行考核，吸收党委、工会成员参加测评；董事长、总经理、监事会成员及副总经理分管的工作部门负责人及其员工代表、客户等对副总经理的工作业绩进行考核，可吸收党委、工会成员参加测评。

党委书记则由上级主管部门、党委成员及支部负责人、党员代表进行考核，可吸收职工代表参加测评；工会主席则由上级主管部门、党委书记、党委委员、职工代表参加测评。其他人员以此类推。

这样考核的原因在于责任人的工作由上级领导安排落实，上级领导对下属工作的完成情况最关心，情况最了解，同时也在管理上由上级领导负责。责任人执行情况，责任人的下属最了解，对责任人是否有所作为也最了解，因此责任人的上下级对责任人的考核最有发言权。吸收协作部门及个人测评，可力求使测评成果更客观、公正。

（2）管理者的考核责任

主管领导有义务和责任对其管理权属内的责任人进行考核评价，不宜以民主测评等方式推卸应由领导履行的职责。有些管理人员对自己下属的工作了如指掌，可就是不愿意直接指出下属的不足，对下属工作不满意也不愿意直接触及矛盾，调整工作岗位更是难以下手，于是采取民主评议方式，让员工说出自己想说的话。这样做的结果往往是被考核人不服气，且滋生对管理人员的不满，对考核工作不仅无促进作用，还会走向阻碍工作开展的方向。管理者在被管理者心目中树立权威的机会也会因此丧失，下属由于不能直接搞清楚管理者的意图和自己在其心目中的形象，不能感受到上级对自己的信任，领导也不可能对下属有更全面明晰的把握，易形成症结影响工作。

（3）考核办法评价

考核办法没有先进与落后之分，只要适合于企业实际，能够客观地、有针对性地评价管理人员的工作业绩，对开展工作有效地起到了促进作用，就值得采纳。

4. 考核信息反馈及成果兑现

（1）考核信息反馈

①对考评结果要做到全面分析，对未达标的工作部分要加以分析，找出原因并加以修正，调整战略目标，细化工作职责标准，调整平衡计分卡的内容，使之建立新的平衡。

②对考核成果要充分进行利用，管理人员要及时与有关的责任人进行沟通，对考核结果指出的责任人的优点给予充分的、具体的肯定，最好能以事例补充说明，让责任人感觉到领导者不是泛泛地空谈，而是真诚地认可。对于考核者存在的不足，要明确提出，并问清楚责任人缘由，听取他对改进工作的意见建议，如有道理要尽可能采纳。如继续任用，则应提出具体的建议要求及改进工作的途径，以保证工作质量提高。即使不再任用，也要明确提出，使责任人充分理解，使之心服口服。

③切忌对考核结果置之一边，任由被考核者猜测引起负面影响。

（2）考核成果兑现

对考核成果要按照目标责任书的奖惩约定，及时进行奖惩兑现。

5. 持续性考核

绩效考核是一项复杂的系统工程，计划、监控、考核流程、成果运用等动态管理，构成绩效考核的主要工作内容。因此要持续不断地根据考评工作中存在的问题改进考核工作，同时还要把工作制度化、持续性地开展下去。这样考核工作就会受到各级管理人员的高度重视，其创造价值中心的作用就会越来越大。

6. 与绩效考核挂钩的注意问题

①对企业盈亏平衡负责，即有业绩底线要求，达成业绩底线方可享有全额底薪，达不成业绩底线则只能拿部分底薪（最低不低于底薪的一半），一般取底薪的50%。业绩底线一般指企业的量本利分析得出的盈亏平衡点。

②总经理可以有一定比例的奖励和接待费用支配权，该比例与总业绩挂钩。

③高管拿业绩提成，提成比例可根据不同的业绩额度向上增长。

④代总经理、副总经理、总经理可以拿分红，工作绩效表现优良，在职期限达到一定时间的甚至可获得注册股。

7. 真正做好考核

战略层面的绩效、公司层面的绩效、部门（团队/班组）层面的绩效和岗位（员工）层面的绩效，每一层面都要就具体细节讨论。

具体实施层面：在实施过程中，分部门、分组进行，不要一起上，易造成普遍激化，要把不合理的项目记录下来，进行跟踪、完善。

实施的时间：在实施过程中，各层面应有共同的观念，必须保证有一定的时间给予缓冲、总结，正常的3～6个月才能反映出真正的效果，还要做出预案，以防实施过程中突发问题的产生，以免造成被动。

总结、修正阶段：实施3～6个月，进行修正、修改，集中意见进行再讨论，再实施，再修正。

等各个部门实施达到效果后再全面展开，整个薪酬考核才算完成。

（六）绩效考核的误差

1. 信度与效度

第一，信度是指考核结果的一致性和稳定性程度，即用同一考核方法和程序对员工在相近的时间内所进行的两次测评结果应当是一致的。

影响考绩信度的因素有考核者和被考评者的情绪、疲劳程度、健康状况等，也有与考核标准有关的因素,如考核项目的数量和程序,忽略了某些重要的考核维度,不同的考核者对所考核维度的意义及权重有不同的认识等,这些因素都会降低考绩的信度。为了提高考绩的信度,在进行考核前应首先对考核者进行培训,并使考核的时间、方法与程序等尽量标准化。

第二,效度是指考核结果与真正的工作绩效的相关程度,即用某一考核标准所测评到的是不是真正想测评的东西。

为了提高考绩的效度,应根据工作职责设置考核的维度和每一维度的具体考核项目,在充分调查研究基础上确定每一项目等级设定的级差数以及不同维度的权重数,并着重考核具体的、可量化测定的指标,不要流于泛泛的一般性考核。

绩效考核过程中不可避免地存在这样或那样的偏差,一定程度上影响着绩效考核的公正性、客观性。因此,要克服近因效应、光环效应、暗示效应等干扰,全面、客观、公正地对被考评者的工作进行评价,同时要进行必要的培训,以减小偏差,使考核的有效性最大化。

2. 绩效考核误差类别

(1) 考评指标理解误差

由于考评人对考评指标的理解存在差异而造成的误差。同样是"优、良、合格、不合格"等标准,不同的考评人对这些标准的理解会有偏差,面对同样一个员工,对于某项相同的工作,甲考评人可能会选"良",乙考评人可能会选"合格"。为避免这种误差,可以采取以下三种措施:

①修改考评内容,让考评内容更加明晰,使能够量化的尽可能量化。这样可以让考评人能够更加准确地进行考评。

②避免让不同的考评人对相同职务的员工进行考评,尽可能让同一名考评人进行考评,这样员工之间的考评结果就具有了可比性。

③避免对不同职务的员工考评结果进行比较,因为不同职务的考评人不同,所以不同职务之间的比较可靠性较差。

(2) 光环效应误差

当一个人有一个显著的优点时,人们会误以为他在其他方面也有同样的优点。这就是光环效应。在考评中也是如此,比如,被考评人工作非常积极主动,考评人可能会误以为他的工作业绩也非常优秀,从而给被考评人较高的评价。在进行考评时,被考评人应该将所有考评人的同一项考评内容同时考评,而不要以人为单位进行考评,这样可以有效地防止光环效应。

（3）趋中误差

考评人倾向于将被考评人的考评结果放置在中间的位置，就会产生趋中误差。这主要是由于考评人害怕承担责任或对被考评人不熟悉所造成的。在考评前，要对考评人员进行必要的绩效考评培训，消除考评人的后顾之忧，同时避免让与被考评人不熟悉的考评人进行考评，这样可以有效地防止趋中误差。也可使用"强迫分布法"，即将所有被考评人从优到劣依次排列，然后按各分数段的理论次数分布分别给予相应的评分。

（4）近期误差

由于人们对最近发生的事情记忆深刻，而对以前发生的事情印象浅显，所以容易产生近期误差。考评人往往会用被考评人近一个月的表现来评判一个季度的表现，从而产生误差。消除近期误差的最好方法是考评人每月做一次当月考评记录，在每季度进行正式的考评时，参考月度考评记录来得出正确考评结果。

（5）个人偏见误差

考评人喜欢或不喜欢（熟悉或不熟悉）被考评人，都会对被考评人的考评结果产生影响。考评人往往会给自己喜欢（或熟悉）的人较高的评价，而对自己不喜欢（或不熟悉）的人给予较低的评价，这就是个人偏见误差。采取小组评价或员工互评的方法可以有效地防止个人偏见误差。

（6）压力误差

当考评人了解到本次考评的结果会与被考评人的薪酬或职务变更有直接的关系，或者惧怕在考评沟通时受到被考评人的责难，鉴于上述压力，考评人可能会做出偏高的评价。解决压力误差，一方面要注意对考评结果的用途进行保密，另一方面在考评培训时让考评人掌握考评沟通的技巧。如果考评人不适合进行考评沟通，可以让人力资源部门代为进行。

（7）完美主义误差

考评人可能是一位完美主义者，他往往放大被考评人的缺点，从而对被考评人进行了较低的评价，造成了完美主义误差。解决该误差，首先要向考评人讲明考评的原则和方法，另外可以增加员工自评，与考评人考评进行比较。如果差异过大，应该对该项考评进行认真分析，看是否出现了完美主义错误。

（8）自我比较误差

考评人不自觉地将被考评人与自己进行比较，以自己作为衡量被考评人的标准，这样就会产生自我比较误差。解决办法是将考核内容和考核标准细化和明确，并要求考评人严格按照考评要求进行考评。

（9）盲点误差

考评人由于自己有某种缺点，而无法看出被考评人也有同样的缺点，这就造成了盲点误差。盲点误差的解决方法和自我比较误差的解决方法相同。

（10）后继效应

后继效应亦称记录效应，即被考评人在上一个考评期内考评结果的记录，对考评人在本期内考评所产生的作用和影响。其原因是：考评人不能认真地按照考评标准、不受上期考评记录的影响，对每个被考评人独立地进行每一次的考评。解决方法是训练考评人一次只评价全体被考评人绩效的某一方面，然后再评价另一方面，最后再将每个被考评人的所有评价结果汇总起来。

（七）如何做好目标绩效考核

1. 考核指标的 SMART 原则

S（Specific）：明确的、具体的。指标要清晰、明确，让考核者与被考核者能够准确地理解目标。

M（Measurable）：可量化的。一家企业要量化老板、量化企业、量化组织架构。目标、考核指标更要量化，比较好、还不错这种词都不具备可量化性，将导致标准的模糊，一定是要数字化的。没有数字化的指标，是不能随意考核的，一考核就容易出现误差。

A（Attainable）：可实现的。目标、考核指标，都必须是付出努力能够实现的，既不过高也不偏低。比如对销售经理的考核，去年销售收入2000万元，今年要求1.5亿元，也不给予任何支持，这就是一个完全不具备可实现性的指标。指标的目标值设定应是结合个人的情况、岗位的情况、过往历史的情况来设定的。

R（Relevant）：实际性的、现实性的，而不是假设性的。现实性的定义是具备现有的资源，且存在客观性、实实在在的。

T（Time bound）：有时限性的。目标、指标都要有时限性，要在规定的时间内完成，时间一到，就要看结果。如要求2000万元的销售额，单单这么要求是没有意义的，必须规定在多长时间内完成2000万元的销售额，这样才有意义。

2. 如何设定目标

目标绩效来源于对企业经营目标的分解，即为完成战略而将企业经营目标逐层分解到每个部门及相关人员的一种指标设计方法。

从管理学上说，目标是比现实能力范围稍高一点的要求，也就是"蹦一蹦，够得着"的那种。"目"就是眼睛看得到的，想得到的，愿意得到的，它是一种梦想；"标"者，尺度也。目标就是有尺度的目标，没尺度的梦想叫幻想、空想、异想天开。

目标不是凭空吹出来的，不是虚构刻画出来的，不是闭门造车想出来的，而是企业上下一心，大家一起缔造出来的，要有翔实的数据，有人认同，有完成的周期，还要有激情，要经过精确的预算和计划。

目标设立后，企业一定要想办法把它变成大家的梦想，要让每一个员工都去认同它。只有当员工和公司存在共同信念时，员工才能在一家公司深入长期地发展。

通过目标分解所得到的指标，其考核的内容是每个岗位、每个人最主要的且必须完成的工作。各层级人员的目标指标是层层分解而得到的。绩效考核必须是由上而下的，董事长、总经理要以身作则，单纯地只对普通员工做考核是不能形成企业的考核文化的。

第二节　薪酬管理

一、薪酬概述

（一）薪酬的定义

薪酬由薪和酬组成。在汉语中，"大者可析谓之薪；小者合束谓之柴"，薪是生活的必需品的代名词，即代表一种物质价值；而酬乃劝酒也，"先自饮，乃饮宾，为酬"，即代表交互性，所谓有来有往，以心换心。薪，薪水，又称薪金、薪资，包括工资、资金、分红、物资福利等可以货币化的个人回报，是可以数据化的、量化的，是一种着眼于物质层面的酬劳，如逢年过节给员工发点花生油、米等物资。酬，报酬、报答、酬谢，包括非货币化的福利、成就感、发展的机会等，是一种着眼于精神层面的酬劳。酬的定义非常广泛，所有的非经济报酬都可以称之为酬，如给员工有兴趣的工作，富于挑战性和发展的机会，培训，恰当的社会地位标志，公众认可，舒适的工作条件和环境，这些都是酬。当然，还有各种各样爱的表示。组织员工旅游，给员工荣誉、尊重、奖杯，为员工开生日宴会，体贴的弹性工作制，这些关心和爱都组成了酬。

薪和酬之间的关系如何？薪和酬就像硬币的两面，必须同时存在，同时考虑。如果薪是 100 分，酬是 0 分，则变成了单纯的利益关系，员工对企业没有归属感，凡事只谈报酬，只谈收益；如果酬是 100 分，薪是 0 分，则员工纵然理想再大，信念再多，亦难以长期坚持。薪是钱，酬是爱，要么给钱，要么给爱。如果能把钱和爱结合起来运用，所达到的层次和效果明显就高多了。

只有最终实现了物质和精神的报酬、短期和长期的激励，雇员才得到了全方位的补偿，这才是薪酬应有之义，脱离精神的报酬，就很难全面理解薪酬的实质。Compensation 一般被用来指雇员的一揽子整体性薪资，包括工资、种种奖励、红利、福利以及其他收入等，所以 Compensation 一词应该包含薪酬的全部意义。

从广义上看，Compensation 等同于 Reward，即报酬，是员工通过自己的劳动所换取的所有回报,如果分两个部分,就是外在报酬(财务报酬)和内在报酬(非财务报酬);如果分三个部分,就是以货币形式支付的直接报酬、以间接货币形式支付的间接报酬和福利和非财务报酬;如果分四个部分,就是工资、奖金、福利和非财务报酬。

(二)薪酬的组成部分

一般来说,薪酬由工资、奖金和福利这三个部分组合而成。

工资是薪酬中的固定部分(不包括福利和津贴),代表一个工作的职位价值,不代表职位任职者实际工资。工资分配应当遵循按劳分配原则,实行同工同酬。同工同酬的"工"是指职位、岗位;"酬"是岗位工资,而不是所有的收入。同工同酬的前提是相同的劳动成果,所以公平性体现在岗位工资的一致性,同工同酬是指企业内部的同工同酬,而且根据能力和绩效的不同,总收入应该不同。

奖金指支付给职工的超额劳动报酬和增收节支的劳动报酬,衡量标准是绩效考核分数。这是薪酬中的第二个部分。奖金通常是指财务上的奖励,也包括休假的奖励、本地健康俱乐部的免费会员资格或商品折扣。奖金是避免吃大锅饭的最好形式,它反映了员工的现实价值。在现代人力资源管理的理念中,雇员具有双重性质:一方面,他本身是劳动力商品,具有商品的市场价格;另一方面,他又被视为人力资本的占有者,而既然是资本,就必然要求分得资本的利润。所以在此情况下,雇员得到的不仅有相当于劳动力市场价格的薪资,还有资本性的收益。资本性的收益是以奖金的形式体现的,包括短期和长期激励。

奖金和工资比较起来,工资是稳定的、刚性的,但奖金却是变动的、灵活的。基于结果的绩效考核分数往往不完全等同于员工的实际能力,其中有误差和运气的成分。但是如果员工业绩非常优异而且通过业绩可以确信员工能力有某种程度提高的话,就可以给予员工一定程度"永久的奖励",这种根据员工的实际工作绩效确定的基本薪酬增长被称为绩效加薪。

薪酬中的第三个部分是福利,这部分支付是固定不变的。包括法定福利和非法定福利。目前,国外企业支付的动态薪酬主要是除法定福利之外的各种商业福利,如养老医疗保险、父母赡养开支、带薪休假、托儿服务、危重家属帮助计划等。这三者之和构成了对雇员劳动或服务的全部物质补偿。

福利的主要功能应该是"留人"。如果说工资是让员工"吃得饱",奖金就是要让员工"干得好",福利是让员工"走不了"!

工资、奖金、福利就是薪酬的全部吗?从狭义的角度看,工资、奖金、福利基本上等同于薪酬了,即狭义薪酬是指员工因被雇用而获得的各种以物质形态存在的经济收入、有形服务和福利等。这些全部与钱有关。但金钱又不是万能的。钱可以买到房屋,但不可以买到一个家;钱可以买到钟表,但不可以买到时间;钱可以买到一张床,但不可以买到充足的睡眠;钱可以买到书,但不可以买到知识;钱可以买到医疗服务,但不可以买到健康;

钱可以买到地位，但不可以买到尊贵；钱可以买到血液，但不可以买到生命；钱可以买到性，但不可以买到爱。金钱的数量是人才的市场价格，但是支付同样的薪水，一个企业可以吸引人才留下并充分发挥自己的才能，在另外一个企业人才却想早点离开，即使留下来也难以创造价值。这又说明薪酬不是简单的钱多钱少的问题，另外一部分的重要内容是精神激励。广义上看，薪酬不局限于货币化的薪酬福利，其中加入了赞扬、地位、学习机会、雇佣安全与挑战性工作的机会等内容。

马斯洛的需求层次理论、赫茨伯格的双因素理论以及亚当斯的公平理论都揭示人的需求有不同层次，而且环境因素也会对人的满足度产生重要影响。虽然不能否认，在吸引人才方面，钱确实非常重要，但是，在留住人才和激励人才方面，钱的作用就大打折扣。员工来到一家公司，离开一位上司，吸引员工来到公司的是公司本身的条件如薪酬、品牌、发展前景等，而员工离开企业则是因为自己的上级。员工上下级之间合作的不融洽是员工离开公司的最主要原因，由此可见，人不是纯粹的理性人，他不会因为经济收入而压制自己的心情和个人情绪。这也可以看出单纯的货币形式的薪酬结构已远远不能满足员工的需求。所以现代企业的薪酬已不纯粹是货币形式，它还包括精神方面的激励，如优越的工作条件、良好的工作氛围、培训机会、晋升机会等，物质和精神并重。薪酬体系的设计将逐步由制度性向满足人才个性化需求、提高个人满意度方向发展。专家指出企业设定薪酬时应更多地考虑员工生活的方便性、生活的幸福感、提高个人能力、个人成就感和公平感等方面。

二、工资制度与工资给付

（一）如何制定薪酬策略

要制定适合企业本身的薪酬策略，首先要明确企业想要薪酬实现什么样的作用。一般而言，薪酬对于企业来说，有三大作用：价值体现作用、激励作用和风险共担作用。价值体现作用是指薪酬应该体现不同岗位对企业做出贡献的多少。贡献于不同的岗位，其薪酬水平也应该是不同的。激励作用是指薪酬应该起到激励员工更努力地工作，激励员工不断提升自己的工作业绩的作用。在同一岗位，不同业绩的员工的薪酬水平应该是不同的。风险共担作用是指薪酬应该起到企业薪酬总水平与企业的经营成果相挂钩的作用。企业经营效果好时，企业所有员工的薪酬水平都有所增长；当企业经营效果不好时，企业所有员工的薪酬水平都有所下降。

明确了薪酬的作用后，就可以进行薪酬策略的制定。薪酬策略的制定包括两方面：薪酬结构设计和薪酬水平设计。其中薪酬结构设计是确定员工合理的薪酬组成部分，以及各组成部分之间的比例。通过薪酬结构设计可以搭建薪酬发挥其三大作用的基础。而薪酬水平设计则主要是制定企业内各岗位之间的相对薪酬水平，以及各岗位与市场薪酬的相对水平。薪酬水平设计要真正起到薪酬的价值体现作用：在企业内部，岗位价值越高的岗位的薪酬水平应该越高；相对于企业外部，企业应该提供相对于市场薪酬有一定的竞争力的薪酬水平。

1. 薪酬结构设计

薪酬结构中应该包括岗位工资、绩效工资、奖金、销售提成（针对销售人员）这四个部分。其中岗位工资是体现薪酬的价值体现作用的，价值不同的岗位工资应该不同；绩效工资是体现薪酬的激励作用的，根据员工的业绩表现确定绩效工资的发放额；奖金则是体现薪酬的风险共担作用的，将员工的一部分薪酬预留至年底根据企业的经营业绩发放。而销售提成则是体现对销售人员的激励作用的。薪酬结构设计时应该考虑企业内工作性质不同的岗位，比如销售、生产、研发和行政；以及岗位级别不同的岗位，比如高层、中层、基层员工在薪酬结构上的不同。岗位级别越高的员工起风险共担作用的薪酬的比例应该越高。而从工作性质的角度看，从销售、生产、研发到行政，起激励作用的薪酬的比例应该逐渐降低。同时，为了增强薪酬的导向作用，体现岗位价值的岗位工资，体现激励作用的绩效工资（或销售提成）和体现风险共担作用的奖金应该设定不同的兑现周期。

2. 薪酬水平设计

在进行薪酬水平设计时，要从企业内部和市场薪酬水平两方面考虑。其中企业内部的考虑因素主要有以下几个：企业能够承受的薪酬总额是多少，企业内部能够承受的薪酬水平最高与最低差距是多大，企业内部是否有一个衡量岗位价值的客观标准。根据产品生产的复杂程度和自动化程度的不同，制造业企业的薪酬总额占销售收入的比例有非常大的差异。薪酬总额可以根据企业利润率达到行业平均利润率时薪酬总额占销售收入的比例确定。薪酬水平的差距一方面要根据企业文化，另一方面也要根据行业内的优秀企业进行确定，应该适当地拉大差距。而衡量岗位价值的客观标准则要基于企业的积累，如果企业没有能力对岗位价值进行客观的衡量，则可以聘请专业的咨询机构进行客观评价。

薪酬水平设计时在考虑企业内部因素的同时应该考虑市场薪酬水平。将本企业的薪酬水平与市场薪酬水平进行对比，可以让本企业的薪酬水平与市场尽量接轨，避免出现某些岗位薪酬水平严重偏离市场水平从而造成不稳定的因素。特别是对于企业特别关键的核心岗位或员工，企业应该采用相对于市场具有竞争力的薪酬水平。

（二）建立薪酬策略的动态调整机制

企业的薪酬策略不应该是一成不变的，而是应该随着企业的变化、行业的变化和劳动力市场的变化进行动态的调整。因此就应该建立一套薪酬策略动态调整的机制，使企业的薪酬策略能够保持生命力，能持续发挥其价值体现、激励和风险共担的三大作用。

要进行薪酬策略的动态调整，就要建立一个策略调整的促发机制。促发机制包括两种：一种是常规的主动促发——年度薪酬策略审视促发，另一种是非常规的被动促发——

重大变革促发。

常规的主动促发机制是指每个企业应该建立年度薪酬策略审视的机制。在每年年末进行新一年度的薪酬预算前，首先对上一年度的薪酬状况进行分析和评估，进行员工薪酬满意度调查。了解上一年度的薪酬策略在运行过程中存在的问题，根据存在的问题进行薪酬策略的必要调整。

非常规的被动促发机制是指企业应该建立薪酬策略调整的预警机制。在企业的战略、组织结构发生重大变化，行业内主要竞争对手的薪酬策略发生重大变化或劳动力市场的薪酬水平发生重大变化时能进行薪酬策略的调整。其中企业的战略、组织结构的调整会导致企业的薪酬总额预算发生变化，企业内关键岗位的相对价值发生变化，这就应该相应地进行调整。

薪酬策略一般不宜频繁地发生变动，因此在确定薪酬策略调整的促发机制时，应该确定较高的促发条件，而且促发机制应该更加关注企业内部的促发因素。

（三）工作分析与岗位评价

工作分析又称岗位分析或者职务分析，主要内容有三个：一是进行组织结构优化或设计；二是对准备设置的各个岗位进行分析，重点关注其岗位职责划分与任职要求；三是编写详尽的岗位说明书。

岗位评价又称岗位评估或者工作评价，主要是运用现行较为科学的多因素岗位评价法，确定各个岗位在企业内部相对价值的大小，以此为依据，再进行后续的薪酬结构设计、激励体系设计、内部晋升通道设计、员工职业生涯规划等工作。

这两方面的工作是后续很多HR工作的基础。比如，岗位说明书对外可以作为招聘的依据，对内可以作为竞聘上岗的依据、内部职责协调的依据、员工晋升通道设计的依据等。岗位评价的结果一般是以岗位内部价值分布线的形式体现的，可以直观看到各个岗位在企业内部相对价值的大小，这是设计薪酬结构时体现内部公平性的重要依据，也是激励体系设计、员工晋升通道设计、员工职业生涯规划等的依据。在实际管理中，不同的公司对上述两项工作成果的应用还有很多其他方向。

作为项目经理，必须注意的有三点：

一是进行工作分析编写岗位说明书时，一定要与组织结构设计、管理流程与业务流程优化结合起来，避免岗位说明书中岗位职责的界定与流程中该岗位的职责内容相脱节。

二是岗位评价得到的岗位内部价值贡献只是反映该企业内部相对公平状况的，在微调最终结果时，决不能照搬其他企业的情况，比如，有些公司的财务人员是处于内部高位的，而有些公司则是销售人员地位最高，这要根据企业实际情况来定。

三是在采用多因素评价法时，一定要根据企业实际情况来取舍各个因素，千万不要照搬死学。

（四）薪酬调查

薪酬调查就是通过各种正常的手段，来获取相关企业各职务的薪酬水平及相关信息。对薪酬调查的结果进行统计和分析，就会成为企业的薪酬管理决策的有效依据。这一步骤其实并不应列在上一步骤之后，两者应同时进行。本文说的薪酬调查主要指周边地区及本行业的调查。

薪酬调查主要须研究两个问题：一是要调查什么；二是怎样去调查和做数据收集。调查的内容，首先是本地区、本行业，尤其是主要竞争对手的薪资状况。参照同行或同地区其他企业的现有薪资来调整本企业对应岗位的薪酬，可以有效保证企业薪酬体系的外部公平性。

做薪酬调查的主要途径和方法有：

1. 企业之间的相互调查

相关企业的人力资源管理部门可以采取联合调查的形式，共享相互之间的薪酬信息。这种相互调查是一种正式的调查，也是双方受益的调查。调查可以采取座谈会、问卷调查等多种形式。

2. 委托专业机构进行调查

现在，一线大城市均有提供薪酬调查的专业机构。通过这些专业机构调查会减少人力资源部门的工作量，省去了企业之间的协调费用，但同时需要支付一定的服务费用。

3. 从公开的信息中了解

有些企业在发布招聘广告时，会写上薪金待遇，某些城市的人才交流部门也会定期发布一些岗位的薪酬参考信息，另外通过其他企业来本企业的应聘人员可以了解一些该企业的薪酬状况。

作为项目经理，必须注意的有三点：

一是薪酬调查的地域性和行业性非常强，在做项目时如果没有足够的时间和资源做薪酬调查的话，最好把这块工作明确为由客户在项目组指导下自行完成。

二是薪酬调查主要关注本地区同行业企业尤其是竞争对手的薪酬水平，不要将范围定得过于宽泛。

三是薪酬调查的途径很多，同一岗位的薪酬水平数据会有差异，要注意选取可信度最高的数据。比如竞争对手来本企业应聘时讲的薪酬水平可信度就比较低。

（五）薪酬元素组合设计

现在习惯于将薪酬的组成搭配称为薪酬元素。常见的有：基本年薪、绩效年薪、超额奖励、岗位工资、基本工资、绩效工资、年终奖、福利、其他特殊奖金等。

其基本释义如下：

①基本年薪：基本年薪是任职者年薪构成中的一部分，日常基本生活的保障，按月平均发放。

②绩效年薪：绩效年薪是任职者年薪构成中的另一部分，根据员工年度考核结果决定发放。

③超额奖励：为鼓励高管为公司创造超额价值，特设超额奖励。

④岗位工资：岗位工资通过采取岗位分等、等内分档、一岗多薪的方式体现岗位和个人技能的差异，在工作分析与岗位评价的基础上，以评价的结果作为确定岗位工资等级的依据。

⑤岗位工资包括：基本工资、绩效工资。其中绩效工资又包括：季度绩效工资、年终奖。

⑥基本工资：基本工资是岗位工资的一部分，每月按定额发放。

⑦季度绩效工资：季度绩效工资是绩效工资的一部分，根据员工的季度考核结果确定。

⑧年终奖：年终奖是绩效工资的一部分，根据员工的年度考核结果确定。

⑨福利：基本社会保险、员工婚丧嫁娶补贴等等。

⑩其他特殊奖金：特殊奖金的目的在于对员工的优秀表现予以正向强化，以激励员工自觉地关心集团的发展，维护集团的形象。

作为项目经理，必须注意的有三点：

一是薪酬元素组合设计的首要前提是岗位群落的科学划分。比如，可以根据工作内容、工作性质不同，将企业内的岗位划分为管理序列、职能序列、技术序列、销售序列、操作序列。不同序列，其组合差异较大。

二是薪酬元素组合不宜过于复杂。一般来说，一个员工的薪酬由4～7个元素组成即可，太少了，缺乏灵活性；太多了，过于复杂，操作成本高。比如某企业管理序列人员的薪酬元素：年总收入＝年基本收入＋年其他收入＝（月固定工资＋月绩效工资＋年度延迟支付工资）＋（企业业绩分享＋工龄工资＋各类补贴或补助），一共六个元素，较好操作。

三是薪酬元素中短期兑现的和长期兑现的要有一定比例。原则上越是职位高的管理人员长期兑现比例越大，越是底层一般操作类员工短期兑现比例越大。

三、员工福利

深得人心的福利，比高薪更能有效地激励员工。企业意识到人在经营活动中的重要性并不困难,难的是如何在企业的日常经营中贯彻以人为本的经营方略。高薪只是短期内人才资源市场供求关系使然,而福利则反映了企业对员工的长期承诺,也正是由于这一点,众多在企业里追求长期发展的员工,更认同福利,而非单纯的高薪。

福利作为一种长期投资,管理上难就难在如何客观衡量其效果。在根据企业的经营策略制定福利政策的同时,必须使福利政策能促使员工去争取更好的业绩,否则福利就会演变成平均主义的大锅饭,不但起不到激励员工的作用,反而会助长不思进取、坐享其成的消极情绪。

对企业来说,员工福利是一把双刃剑,一方面,企业要吸引和留住有能力的员工,必须提供适当的福利;另一方面,企业也知道控制和削减成本的重要性。在提供给员工的总薪酬中,福利占了很大一部分。一个良好合理福利政策的制定和完善,需要一个长期的过程,同时结合企业的不同发展阶段有针对性地加强或是减弱不同的福利项目。另外,企业的福利待遇也是和企业高层管理者的思想理念密不可分的。

(一)福利的概念

福利制度有助于制定有竞争力的总薪酬组合中的条款,可以提供福利满足员工安全方面的需求以及满足员工有时提出的特殊经济支援的要求,因此可以论证这些福利是人道组织中的一部分,有助于提高员工对组织的承诺并且提供了一种可以通过征税产生效率的报酬方法。

福利被描述为"薪酬组合中除了现金工资外的组合要素"。

通俗地讲,员工的福利待遇又称为劳动福利,它是企业为满足劳动者的生活需要,在工资和奖金收入之外,向员工本人及家庭提供的货币、实物及其他服务的劳动报酬,它是薪酬组成的一个重要组成部分,是工资和奖金等现金收入的一个重要补充。现代企业员工福利待遇可以分为两个组成部分:一部分是国家法定强制性福利,是根据国家的政策、法律和法规,企业必须为员工提供的各种福利。在我国主要是企业必须为员工缴纳的各种社会保险。如按国家劳动法律法规的规定,企业必须为员工购买退休养老保险、医疗保险、失业保险、工伤保险和劳动保险等。另一部分称为非法定福利即企业自愿性福利,是企业根据自身的管理特色和员工的内在需求,向员工提供的各种补充保障计划以及向员工提供的各种服务、实物、带薪休假等。如免费工作餐、提供交通费、住房补贴,等等。

在市场体系中,企业要赢得竞争的优势,就必须对其所需要的劳动力的数量和类型具有足够的吸引力。一般来说,劳动者选择企业除了考虑工资和奖金水平外,还要考虑工作条件的优劣、福利待遇的高低、能否发挥作用等因素。企业兴建集体娱乐、健身设施,提供职工食堂、免费午餐,既方便了职工的生活,又创造了员工相互交流的机会;安排职工带薪休闲,可以帮助职工恢复和保持良好的精神和体力,这些都不是提供高工资所能取代的。

在个人责任和民主不断变革的时代，政府、雇主和个人都在改变他们获得财务安全的方法，以及设法通过员工福利来实现这一点。

对于员工而言，企业员工福利制度能满足他们多方面、多层次的需要，不仅能满足他们的经济与生活需要（如各种加班、乘车、伙食、住房等津贴与补助），还能满足他们的社交与休闲的需要（如各种有组织的集体文体和旅游活动、有资休假等），更对他们提供多种保护，满足他们的安全需要（如医药费报销或补助、公费疗养、因公伤残津贴、退休金、抚恤金等），并给他们提供充实与发展自己的机会（如业余进修补助或报销、书报津贴等）。

（二）员工福利对企业的意义

对企业而言，员工福利的战略意义主要表现在以下方面：

（1）吸引优秀员工

优秀员工是组织发展的顶梁柱。以前组织主要靠高工资来吸引优秀员工，现在许多企业家认识到良好的福利有时比高工资更能吸引优秀员工。

（2）提高员工的士气与干劲

良好的福利使员工无后顾之忧，使员工与组织有共荣辱之感，士气一定会高涨。

（3）提高员工对组织的忠诚度，降低流动率

员工流动率过高必然会使组织的工作受到一定损失，而良好的福利会使许多可能流动的员工打消流动的念头。

（4）激励员工

良好的福利会使员工产生由衷的工作满意感，进而激发员工自愿为组织目标而奋斗的动力。

（5）凝聚员工

组织的凝聚力由许多因素组成，良好的福利是一个重要的因素，因为良好的福利体现了组织的高层管理者以人为本的经营思想。

（6）提高企业的投资回报率

良好的福利一方面可以使员工得到更多的实惠，另一方面用在员工身上的投资会产生更多的回报。

总之，合理的员工福利可以激励员工的积极性，提升员工的凝聚力；可以提高企业竞争力，同时也可以帮助企业吸引员工，帮助企业保持员工；另外还可以提升企业在员工和其他企业心目中的形象。企业提供高薪是吸引人才的一个重要手段，但良好的福利待遇也是吸引人才和保留人才的一个关键。

目前，大多数的国有企业，其薪资水平与很多私企及外企相比不具有竞争力，但由于其健全而又丰厚的福利待遇仍然成为大多数人的首选。国有企业的福利待遇以稳定为其特

点，各种福利制度都落实到位，而且相当完善，退休后的退休金也不低，加之国民经济近年来保持高速稳定增长，公务员和国企的铁饭碗可是越敲越响了。相反，一些薪资高而福利很一般的私企，尽管初期靠高薪吸引了一些优秀的人才，但因为福利水平不到位，这些优秀的人才也还是陆续选择了离开。私企的优势在于它灵活的制度，那是它活力的源泉；私企的弊病也在于它灵活的制度，也可说是制度上的不完善，老板的"一言堂"让员工摸不着头脑，不能给员工提供一个稳定系统的福利计划，更别说足够的安全感。

不合理的或者是不公平的员工福利政策不但起不到激励员工和提升企业凝聚力的作用，相反还有可能起到破坏的作用，造成员工的敬业度和忠诚度下降的情况。例如，给公司高层配车或者给新来的还没有体现业绩的人才配房等等，都可能使员工产生想法，从而形成一些不稳定的潜在因素。

（三）如何提高和完善合理的福利待遇

1. 国家法定强制性福利的贯彻和实施

一般情况下，公司都能做到国家法定强制性的福利，但还是有很多私企没有按照国家规定执行，特别是在员工法定节假日方面仍然实行每周六天的工作时间。有的民营企业在生产任务紧的时候，甚至每周一天的休息日都没有。尽管在薪资上做了一些补偿，有的甚至没有任何补偿，给员工的印象始终是在剥夺他们的休息时间，这对吸引员工也起到很不利的作用。

根据公司的实际情况有步骤地进行，即结合企业的生命周期逐步完成。如果是刚成立的公司或者是一家正在成长中的企业，企业高速发展，员工数量不足，这个阶段可以实行淡旺季调节的工作时间，当然这也需要通过当地劳动部门的审核。另外，还可以采取倒休的方法，调节员工的工作时间，使其得到闲暇。如果企业逐步走向成熟，则需要调整工作时间。公司经过几年的发展，已经从成长期开始向成熟期跨越，企业内部管理平台已初步搭建，管理工作也开始从不规范向规范转化。同时，这段时间从外部引进了大量的高级人才，这些人才来自不同的地方，在工作之余需要一定的时间处理私人业务，这样员工要求每周工作五天的呼声必定很高，而公司也适时满足员工的需要，先试行大小周制度（一周工作六天，而另一周工作五天），再过渡到完全的五天工作制。这样，不仅可以满足员工闲暇的需要，企业的生产效率也不会受到较大的影响。

2. 企业员工自愿式福利

福利是企业提供给员工的一种额外的工作报酬，其目的是体现企业对员工的关怀，营造一种大家庭式的工作氛围。但很多企业在向员工提供福利的过程中出现了很多问题，如公司提供的福利与员工的需求之间出现脱节、福利成本过高、员工对公司福利待遇不满等。

对于企业自愿性的福利，完全可以根据企业的经营效益、利润完成等情况有选择地提供，但也不要全部采用，可以逐步实行。同时结合企业发展的情况，在了解员工需求的基础上，或增加新型的福利项目，或者停止不适宜的福利内容。

以下是针对不同的福利根据我本人在企业实习中的实践提出的一些建议：

①免费工作餐：很多企业为员工提供免费的工作午餐，或者是开办自己的食堂，或者是发放固定的午餐补助。但免费的工作午餐不能起到很大的激励作用，不能使员工感到满意，因为更多的时候员工认为这是应当的事；如果一旦取消这一福利或者没有该项福利，根据赫茨伯格的双因素理论，则会造成员工的不满意，他会比较其他企业的这一福利，从而引起不满意。午餐的费用尽管不大，但如果员工没有看到这方面的福利，他会产生较强的不满意心理。所以，只要企业有条件，就应当提供此类福利。

②如果是企业自行开办的食堂，随着企业规模的不断扩大，员工对食堂的要求会越来越高，不满意的情形也会越来越多，这个阶段尤其要结合内外部环境的变化，注意加强对食堂的权变管理，诸如可以将食堂外包，交给当地具有竞争力的专门的餐饮公司进行经营，将补贴从暗处转到明处（据调查，只要有食堂的企业，每月都进行补贴），并公开化，从而达到提升员工满意度的目的。记不清是谁说过这样一句话，能将一个大企业的食堂管理好的人，那他就能做企业总经理。尽管这句话不一定准确，但也道出了一个企业在经营食堂时的难处。

③提供交通服务或交通补贴：出于城市规划和环境保护以及企业节约成本等方面的原因，许多企业将厂址选在城郊。因此大多数企业会为员工提供交通服务或交通补贴这一福利。从成本的因素考虑，为集中住在某几处的员工提供交通服务，使员工感到便利，可以提升员工的工作效率，降低企业的成本，当然这是在人数较多且较为集中的情况下。如在呼和浩特市许多企业都做到了这一点。若企业员工人数不多，则可采用现金补贴的形式或为员工办理公交月票，但这样一来，这种福利会产生和免费工作餐相似的状况。

同样，对于交通补贴也存在这样的问题。企业规模的扩大，员工数量的增多造成公司的交通工具不能满足一些员工的需要，从而引起员工的不满意。面对这种情形企业可将由企业内部提供交通工具变为交由社会处理，引进外部交通工具，并在员工补贴方面加大力度，从而将此类福利社会化。在许多大公司中，员工人数较多，在工作餐和交通服务方面经历了自行处理到完全社会化的过程，取到了较好的效果。

④住房福利：由于为员工提供住房福利已成为吸引和挽留员工的重要方法，因此，提供住房福利已经成为各企业普遍采用的福利趋势。但对中小企业尤其是刚起步的企业来说，住房福利的实施难度是相当大的。这类企业可以选择为员工提供临时宿舍，以解决员工的住宿问题。提供住房福利的形式主要为现金津贴、房屋贷款、个人储蓄计划、利息补助计划和提供公司公寓、宿舍等。

大多数的企业目前采用的形式仍然是现金津贴的方法，即每月提供数量不等的现金。但这种形式是否需要分等级进行，仍需要考量其公平性。即是否级别高的人应该享受更多的现金补贴,而级别低的人则享受较少甚至没有这方面的福利。

目前国内的很多民营企业在住房福利方面,采用的是严格的等级制度。根据组织理论中的权变理论,职权不应该固化,而需要定时进行调整。可见采用分级方式实行住房福利,其给整个组织带来的的影响需要考虑。一方面,公司已经在薪资和奖金甚至股票期权等方面使级别高的员工与级别低的员工拉开了很大的差距;另一方面,大多数的企业,在员工晋升通道上只有一条路可走,即终点是管理职位,这种福利方式对引导员工向专业化方向发展也会产生不利影响。

随着国内房地产的市场化,目前一些效益好的企业,开始朝住房贷款方面为员工创造福利。上海贝尔有限公司的员工队伍年龄普遍年轻化,大部分员工正值成家立业之年,购房置业成为他们的迫切需要。在上海房价昂贵的情况下,上海贝尔及时推出了无息购房贷款的福利项目,而且在员工工作满规定期限后,此项贷款可以减半偿还。这一做法既为年轻员工解了燃眉之急,也使为企业服务多年的员工得到回报,这也加深了员工和企业之间长期的情感契约。

⑤补充养老福利:为员工提供补充养老计划是企业的主要福利,这个趋势一方面符合社保的需要;另一方面也是吸引人才的主要方式之一,此计划可以为员工提供合理的退休福利保障。在缴费问题上,主要由公司承担费用,员工不承担费用。部分企业设立此项福利也是从员工个人所得税的角度考虑。

⑥带薪假期:国家实行带薪休假制度,劳动者连续工作一年以上的,享受带薪年休假。带薪休假是企业员工享受的国家法定福利项目,一般每年都有一周以上的假期,随着员工为企业服务年限的增加,企业将自行延长假期。但也有很多民营企业没有实行带薪假期的规定。这也和企业自身的发展周期有关系,一般情形下,当企业进入成熟期阶段,可以考虑该项福利,从而缓解内部工作量不饱和的状况。

⑦卫生设施及医疗保健:一些企业提供免费或者是低费的医疗卫生服务。建立一般性的卫生设施和提供简便的医疗保健,无论何时都是需要的。小病可以通过公司的医疗设施处理,大病则通过医疗保险解决。

⑧文娱体育设施:在一个蓬勃发展的年轻化的企业,这类福利的提供可以极大丰富员工的业余生活,维护员工的心理健康,从而提升企业的工作效率。如果企业员工数量较多,也可以成立相应的此类委员会有效组织员工的各项活动;或者是借助社会的比较发达的文娱体育设施,由委员会进行讨价,让员工以低于市场价的价格享受这类服务。这对于员工来说也是一种福利。目前在深圳的大多数民营企业正是走的这条路。

⑨教育福利:对员工提供教育方面的资助,为员工支付部分或全部与正规教育课程和学位申请有关的费用、非岗位培训或其他短训,甚至包括书本费和实验室材料使用费。例如香港九龙香格里拉酒店集团为公司员工提供免费的培训和学习机会。当然此类福利的开

放也有风险，即员工学成后离开公司从而给公司造成损失。但是，在九龙香格里拉酒店确是员工离职最少的企业。所以，签订好相应的合同则是实行这类福利的关键。

通过提高公司员工福利体现企业的人情化关怀，有利于凝聚人心，增强员工的归属感，激发员工奋发有为的动力和活力。尽管提供各种各样的福利同样需要花费企业的部分利润，是货币的转化形式，但给员工的感觉完全不一样。这样的企业更富有人情味和温暖感，让人感到企业最贴心的关怀和帮助，因而心情舒畅，工作效率也将提高。

高薪虽然可以对吸引人才产生快速的冲击力，但是却带有很强的金钱雇佣关系。对于真正的、长期留住员工的心却不一定奏效。因为其他的企业同样可以用比你更高的薪水把你的人才挖走，也就是说，高薪在吸引人才、留住人才、激励人才方面并不具有持久的优势。要想使企业拥有吸引、留住、激励人才的核心竞争力就必须创造别的企业不可能模仿的薪酬体系。在共同利益和共同目标的感召和驱动下，员工的主动性、积极性和创造性得到发挥，向心力得到增强。提供公司福利，是以温情脉脉的方式"套牢"员工，公司从员工那里得到的无疑是丰厚的回报。

第八章　人力资源管理职能的战略转型与优化

第一节　人力资源管理职能的战略转型

一、人力资源管理职能的战略转型

（一）以战略和客户为导向的人力资源管理

近年来，随着全球化步伐的加快，经营环境的复杂化，技术进步尤其是网络和信息技术的突飞猛进，员工队伍、社会价值观，以及组织所处的内外部环境都发生了很大的变化，这些情况使组织中的人力资源管理职能面临着越来越严峻的挑战，在这种情况下，出现了很多关于人力资源管理职能变革的想法，如人力资源管理应当从关注运营向关注战略转变；从警察式的监督检查向形成业务部门的伙伴转变；从关注短期向关注长期转变；从行政管理者向咨询顾问转变；从以职能管理为中心向以经营为中心转变；从关注内部向关注外部和客户转变；从被动反应向主动出击转变；从以完成活动为中心向以提供解决方案为中心转变；从集中决策向分散决策转变；从定性管理向定量管理转变；从传统方法向非传统方法转变；从狭窄视野向广阔视野转变等等。

毋庸置疑，上述想法都有一定道理，但必须强调的一点是，人力资源管理职能的战略转变并不意味着人力资源管理彻底抛弃过去所做的一切，相反，现代人力资源管理职能必须在传统和现代之间找到一个适当的平衡点，只有这样才能为组织的经营和战略目标的达成提供附加价值，帮助组织在日益复杂的环境中获得竞争优势。

人力资源管理在一个组织的战略制定以及执行过程中起着非常重要的作用，它不仅要运用于组织制定战略的过程中，而且要负责通过制订和调整人力资源管理方案和计划来帮助组织制定的战略被贯彻和执行。然而，人力资源管理职能部门要想在组织中扮演好战略性的角色，就必须对传统的人力资源管理职能进行重新定位；同时，要围绕新的定位来调整本部门的工作重点及在不同工作活动中所花费的时间。

如果想把人力资源管理定位为一种战略性职能，就必须把人力资源部门当成是一个独立的经营单位，它具有自己的服务对象，即内部客户和外部客户。为了向各种内部客户提供有效的服务，这个经营单位需要做好自己的战略管理工作，在组织层面发生的战略规划设计过程同样可以在人力资源管理职能的内部进行。在人力资源管理领域出现了一个与全面质量管理哲学一脉相承的新趋势，那就是企业的人力资源部门应当采取一种以客户为导向的方法来履行各种人力资源管理职能，即人力资源管理者把人力资源管理职能当成一个战略性的业务单位，从而根据客户基础、客户需要以及满足客户需要的技术等来重新界定自己的业务。

以客户为导向是人力资源管理在试图向战略性职能转变时所发生的一个最为重要的变化。这种变化的第一步就是要确认谁是自己的客户。需要得到人力资源服务的直线管理人员显然是人力资源部门的客户；组织的战略规划团队也是人力资源部门的客户，因为这个小组也需要在与人有关的业务方面得到确认、分析并且获得建议；此外，员工也是人力资源管理部门的客户，他们与组织确立雇佣关系后获得的报酬、绩效评价结果、培训开发计划以及离职手续的办理等，都是由人力资源部门来管理的，如图8-1所示。

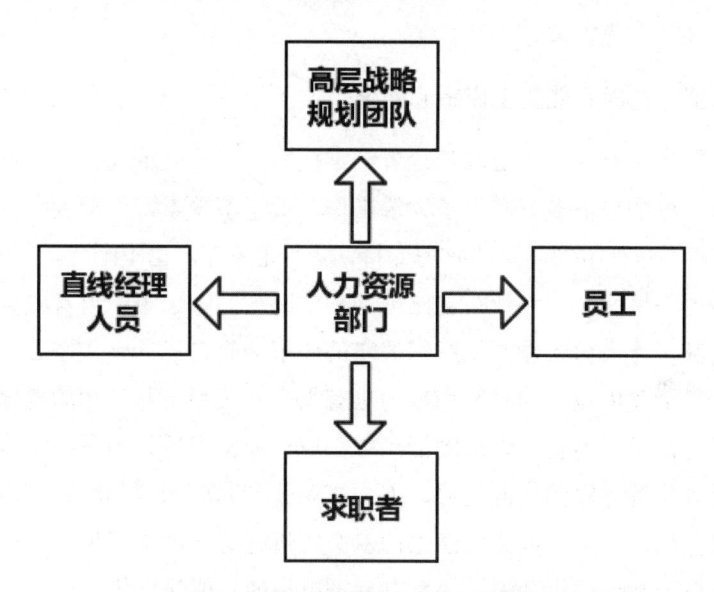

图 8-1 人力资源管理部门的主要客户

第二步是确认人力资源部门的产品有哪些。直线管理人员希望获得忠诚、积极、高效且具有献身精神的高质量员工；战略规划团队不仅需要在战略规划过程中获得各种信息和建议，而且需要在战略执行过程中得到诸多人力资源管理方面的支持；员工则期望得到一套具有连续性、充足性以及公平性特征的薪酬福利计划，同时还希望能够得到公平的晋升以及长期的职业生涯发展机会。

最后一个步骤是，人力资源部门要清楚，自己应通过哪些技术来满足这些客户的需要。客户的需要是不同的，因此，运用的技术也应该是不同的。人力资源部门建立的甄选系统必须能够确保所有被挑选出来的求职者都具有为组织带来价值增值所必需的知识、技术和能力。培训和开发系统则需要通过为员工提供发展机会来确保他们不断增加个人的人力资本储备，为组织获取更高的价值，从而最终满足直线管理人员和员工双方的需要。绩效管理系统则需要向员工表明，组织对他们的期望是什么，它还要向直线管理人员和战略制定者保证，员工的行为将与组织的目标保持一致。此外，报酬系统需要为所有的客户（直线管理人员、战略规划人员以及员工）带来收益。总之，这些管理系统必须向直线管理人员保证，员工将运用他们的知识和技能服务于组织的利益；同时，它们还必须为战略规划人员提供相应的措施，以确保所有的员工都采取对组织的战略规划具有支持性的行为。最后，报酬系统还必须为员工所做的技能投资及其所付出的努力提供等价的回报。

人力资源管理部门的客户除了组织的战略规划人员、直线经理以及员工外，还有另外一类非常重要的客户，即外部求职者。在当前人才竞争日益激烈的环境中，人力资源部门及其工作人员在招募、甄选等过程中表现出的专业精神、整体素质、组织形象等，不仅直接关系到组织是否有能力雇用到高素质的优秀员工，而且对组织的雇主品牌塑造、在外部劳动力市场上的形象都有重要的影响。因此，人力资源部门同样应当关注这些外部客户，设法满足他们的各种合理需求。

（二）人力资源管理职能的工作重心调整

在现实中，很多企业的人力资源管理者经常抱怨自己不受重视。他们认为，他们在招聘、培训、绩效、薪酬等很多方面做了大量工作，受了不少累，但却没有真正受到最高领导层的重视，一些工作得不到高层的有力支持，很多业务部门也不配合，自己就像是在"顶着磨盘跳舞，费力不讨好"。为什么会出现这种情况呢？除了组织自身的问题外，与人力资源管理部门及其工作人员未能围绕组织战略的要求调整自己的工作重心，未能合理安排在各种不同的工作活动中投入的时间和精力也有很大的关系。从理想的角度来说，人力资源管理职能在所有涉及人力资源管理的活动中都应该非常出色，但是在实践中，由于面临时间、经费以及人员等方面的资源约束，人力资源管理职能想要同时有效地承担所有工作活动往往是不可能的。于是，人力资源部门就必须进行这样的战略思考，即应当将现有的资源分配到哪里以及如何进行分配，才最有利于组织的价值最大化。

对人力资源管理活动进行类别划分的方法之一是将其归纳为变革性活动、传统性活动和事务性活动。变革性活动主要包括知识管理、战略调整和战略更新、文化变革、管理技能开发等战略性人力资源管理活动；传统性活动主要包括招募和甄选、培训、绩效管理、薪酬管理、员工关系等传统的人力资源管理活动；事务性活动主要包括福利管理、人事记录、员工服务等日常性事务活动。

二、人力资源专业人员扮演的角色

在人力资源管理职能面临更高要求的情况下，人力资源专业人员以及人力资源部门应如何帮助组织赢得竞争优势以及实现组织的战略目标呢？人力资源管理者以及人力资源部门在组织中应当扮演好哪些角色呢？很多学者和机构都对此进行了研究。

人力资源管理专业人员主要应当扮演好三方面的角色，即授权者、技术专家以及创新者。授权者是指人力资源管理人员授权直线管理人员成为人力资源管理体系的主要实施者；技术专家是指人力资源专业人员从事与薪酬以及管理技能开发等有关的大量人力资源管理活动；创新者是指人力资源管理者需要向组织推荐新的方法来帮助组织解决各种与人力资源管理有关的问题，如生产率的提高以及由于疾病导致员工缺勤率突然上升等。

人力资源管理者及其部门应当扮演顾问、仆人、管制者以及变革实现者四种角色。顾问是指人力资源管理者应当了解人力资源管理领域的各种最新进展，然后让直线管理人员来实施各种相关的变革；仆人是指人力资源管理者在提供服务时要以客户为导向，努力成为直线管理人员的助手和服务者；管制者是指人力资源管理者需要制定和宣传各项雇佣规则并且负责监督执行情况，这些规则既包括公司的各项人事程序手册，也包括与工会签订的集体合同；变革实现者则是说人力资源管理者应当根据组织的经营需要，将员工关系置于一套新的基础之上。

在人力资源管理者以及人力资源管理部门所扮演的角色方面，一个组织的人力资源部门所扮演的角色和职责主要反映在两个维度上：一是人力资源管理工作的关注点是什么；二是人力资源管理的主要活动内容是什么。从关注点来说，人力资源管理既要关注长期的战略层面的问题，同时也要关注短期的日常操作层面的问题。从人力资源管理活动的内容来说，人力资源管理既要做好对过程的管理，同时也要做好对人的管理。基于这两个维度，人力资源管理需要扮演四方面的角色，即战略伙伴、行政专家、员工支持者以及变革推动者，如图 8-2 所示。

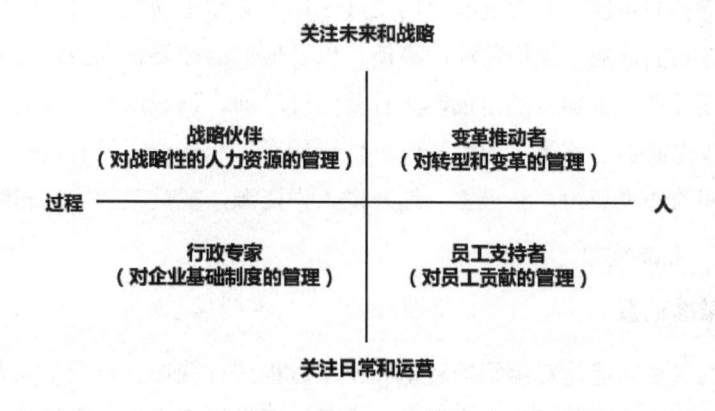

```
                    关注未来和战略
                          │
        战略伙伴          │      变革推动者
   （对战略性的人力       │   （对转型和变革的管理）
     资源的管理）         │
   过程 ─────────────────┼─────────────────  人
                          │
        行政专家          │       员工支持者
   （对企业基础制度的     │   （对员工贡献的管理）
        管理）            │
                          │
                    关注日常和运营
```

图 8-2　人力资源管理扮演的角色及其承担的职责

（一）战略伙伴

这一角色的主要功能是对战略性的人力资源进行管理。也就是说，人力资源管理者需要识别能够促成组织战略实现的人力资源及其行为和动机，将组织确定的战略转化为有效的人力资源战略和相应的人力资源管理实践，从而确保组织战略的执行和实现。人力资源管理者通过扮演战略伙伴的角色，能够把组织的人力资源战略和实践与组织的经营战略结合起来，从而提高组织实施战略的能力。

（二）行政专家

这一角色的主要功能是对组织的各种基础管理制度进行管理，要求人力资源管理者能够通过制定有效的流程来管理好组织内部的人员配置、培训、评价、报酬、晋升以及其他事务。尽管人力资源管理职能向战略方向转变的趋势在加强，但这些传统角色对于成功经营一个组织来说仍然是不可或缺的。作为组织的基础管理责任人，人力资源管理者必须能够确保这些组织流程的设计和实施的高效率。实现这一目标有两条途径：一是通过重新思考价值创造过程，调整和优化组织的人力资源管理制度、流程以及管理实践，从而提高效率；二是通过雇用、培训和回报帮助组织提高生产率、降低成本，从而提升组织的总体效率。在人力资源管理流程再造的过程中，很多组织都采用了共享人力资源服务中心的新型人力资源部门结构设计。

（三）员工支持者

这一角色的主要功能是对员工的贡献进行管理，即将员工的贡献与组织经营的成功联系在一起。人力资源管理专业人员可以通过两条途径来确保员工的贡献能够转化为组织经营的成功：一是确保员工具有完成工作所需要的能力，二是确保他们有勤奋工作的动机以及对组织的承诺。无论员工的技能水平有多高，只要他们与组织疏远，或者内心感到愤愤不平，他们就不可能为企业的成功贡献力量，并且也不会在组织中工作太长的时间。为了扮演好员工支持者的角色，人力资源部门及其工作者必须主动倾听员工的想法，了解他们在日常工作中遇到的问题、他们关注的事情，以及他们的需要。人力资源部门不仅要自己扮演好员工的倾听者和激励者的角色，而且要通过培训、说服以及制度引导的方式，确保员工的直接上级也能够了解员工的想法以及他们的意见和建议。只有这样，才能真正建立员工和组织之间的心理契约，积极主动地开发人力资源，把员工的贡献和组织经营的成功真正联系起来。

（四）变革推动者

这一角色的主要功能是对组织的转型和变革过程进行管理。转型意味着一个组织要在内部进行根本性的文化变革，人力资源专业人员既要做组织文化的守护神，也要成为文化变革的催化剂，积极促成必要的组织文化变革，从而帮助组织完成更新过程。在变革过程中，人力资源专业人员要帮助组织确认并实施变革计划，其中可能涉及的活动主要包括：找出并界定问题、建立信任关系、解决问题、制订并实施变革计划等。在当今这个急剧变化的竞争环境中人力资源管理者必须确保组织拥有能够持续不断地进行变革的能力并且帮助组织确定是否有必要进行变革以及对变革的过程进行管理。变革推动者的角色还要求人力资源专业人员在尊重组织历史文化的基础上，帮助员工顺利地接受和适应新文化。研究表明，能否扮演好变革推动者的角色，可能是决定一个组织的人力资源管理工作是否能够取得成功的最为重要的因素。

此外，国际公共部门人力资源管理学会也提出了一个模型，来阐明人力资源管理者在公共部门中所应当扮演的四大角色，即人力资源专家、变革推动者、经营伙伴以及领导者。其中，人力资源专家的角色强调人力资源专业人员应当做好传统的人力资源管理中的各项专业技术工作；变革推动者的角色强调人力资源专业人员一方面要帮助直线管理人员应对变革，另一方面要在人力资源管理职能领域内部进行有效的变革；经营伙伴的角色强调人力资源专业人员不仅要告诉直线管理人员不能做什么，更重要的是还要向他们提供有助于他们解决组织绩效难题的有效建议，进而参与组织的战略规划，围绕组织的使命和战略目标来帮助组织达成目的；领导者的角色实际上强调了人力资源专业人员一方面必须对功绩制原则以及其他道德伦理保持高度的敏感，另一方面也要平衡好员工的满意度、福利与组织的要求和目标之间的关系。

第二节 人力资源管理职能的优化

一、循证人力资源管理

（一）循证人力资源管理的内涵

目前，企业已经充分认识到人力资源管理对于组织战略目标的实现和竞争优势的获得具有的重要战略作用。除人力资源专业人员外，组织内各级领导者和管理者在人力资源管理方面投入的时间、精力、金钱也逐渐增多。组织内自己的人力资源管理政策和实践能够帮助自己吸引、招募和甄选到合适的员工，进行科学合理的职位设计和岗位配备，实现高效的绩效管理和对员工的薪酬激励等。但是，随着人力资源管理的投入不断增加，企业也产生了一些困惑。其中的一个重要疑问就是，这些人力资源管理政策、管理活动以及资金投入是否产生了合理的回报，达到了预期的效果？这就要求对组织的人力资源管理活动进行科学的研究和论证，以可靠的事实和数据来验证人力资源管理的有效性，进而不断实施改进；不能仅仅停留在一般性的人力资源管理潮流、惯例甚至各种似是而非的"说法"上，这种做法被称为"循证人力资源管理"，又被译为"实证性人力资源管理"，或基于事实的人力资源管理。

循证的实质是强调做事要基于证据，而不是模糊的设想或感觉等。它起源于20世纪末兴起的循证医学。有越来越多的政府机构和公共部门决策者开始意识到循证政策的重要性。循证的理念很快渗透到管理学领域，循证管理的中心思想就是要把管理决策和管理活动建立在科学依据之上，通过收集、总结、分析和应用最佳、最合适的科学证据来进行管理，对组织结构、资源分配、运作流程、质量体系和成本运营等做出决策，不断提高管理效率。

循证人力资源管理实际上是循证管理理念在人力资源管理领域的一种运用，它是指运用数据、事实、分析方法、科学手段、有针对性的评价以及准确的案例研究，为人力资源管理方面的建议、决策、实践以及结论提供支持。简言之，循证人力资源管理就是审慎地将最佳证据运用于人力资源管理实践的过程。循证人力资源管理的目的就是要确保人力资源管理部门的管理实践对组织的收益或者其他利益相关者（员工、客户、社区、股东）产生积极的影响，并且能够证明这种影响的存在。循证人力资源管理通过收集关于人力资源管理实践与生产率、流动率、事故数量、员工态度以及医疗成本之间的关系的证据，可以向组织表明，人力资源管理确实能对组织目标的实现做出贡献，它对组织的重要性实际上和财务、研发以及市场营销等是一样的，组织对人力资源项目进行投资是合理的。从本质上说，循证人力资源管理代表的是一种管理哲学，即用可获得的最佳证据来代替陈旧的知识、个人经验、夸大的广告宣传、呆板的教条信念以及盲目的模仿，摒弃"拍脑袋决策"的直觉式思维，使人力资源决策牢固建立在实实在在的证据之上，同时证明人力资源管理决策的有效性。

在对很多组织的人力资源管理实践进行考察后不难发现，很多人力资源管理决策都缺乏科学依据，往往依靠直觉和经验行事，这不仅难以保证人力资源决策本身的科学合理，同时也无法证明或者验证人力资源管理活动对于组织的战略和经营目标实现做出的实际贡献，导致人力资源管理在很多组织中处于比较尴尬的境地。因此，学会基于事实和证据来实施各项人力资源管理活动，可以产生两方面的积极作用：一是确保并且向组织中的其他人证明人力资源管理确实在努力为组织的研发、生产、技术、营销等方面提供有力的支持，而且对组织战略目标的实现做出了实实在在的贡献；二是考察人力资源管理活动在实现某些具体目标和有效利用预算方面取得的成效，从而不断改善人力资源管理活动的效率和效果。

（二）循证人力资源管理的路径

人力资源管理者在日常工作中要如何实现循证人力资源管理呢？总的来说，如果人力资源管理者在日常管理实践中注意做好以下四方面的工作，将有助于贯彻循证人力资源管理的理念，提高人力资源管理决策的质量，增加人力资源管理对组织的贡献。

1. 获取和使用各种最佳研究证据

最佳研究证据是指经过同行评议或同行审查的质量最好的实证研究结果，这些结果通常是公开发表的并且经过科学研究的证据。在科学研究类杂志（主要是符合国际学术规范的标准学术期刊）上发表的文章都是按照严格的实证标准要求并经过严格的评审的，这类研究成果必须达到严格的信度和效度检验要求。举例来说，在一项高质量的实证研究中，想要研究绩效标准的高低对员工绩效的影响，通常会使用一个控制组（或对照组），即在随机分组的情况下，要求两个组完成同样的工作任务（对实验组的绩效标准要求较高），然后考虑两组的实际绩效水平差异。而在另外一些情况中，则需要采取时间序列型的研究设计。例如，在考察晋升决策对员工工作状态的影响时，可以在晋升之前对晋升候选人的工作积极性或绩效进行评估；在晋升决策公布之后，再次考察这些人的工作积极性或工作绩效。当然，有时无法在理想状态下进行实证研究，但能够控制住一些误差（尽管不能控制所有误差）的实证研究也具有一定的价值，这种证据对于改进人力资源决策质量多多少少会有一些好处，不过最好能搞清楚哪些证据是可用的，以及应当如何使用这些证据。

2. 了解组织实际情况，掌握各种事实、数据以及评价结果

要系统地收集组织的实际状况、数据、指标等信息，确保人力资源管理决策或采取的行动建立在事实基础之上。即使是在使用上面提到的最佳实证研究证据时，也必须考虑到组织的实际情况，从而判断哪些类型的研究结果是有用的。总之，必须将各种人力资源判断和决策建立在尽可能全面和准确把握事实的基础之上。例如，当组织希望通过离职面谈发现导致近期员工流动的主要原因，而很多离职者都提到了组织文化和领导方式的问题时，人力资源管理人员就应当继续挖掘，搞清楚到底是组织文化和领导方式中的哪些特征造成了员工流失。只有揭示了某种情况的具体事实，才能轻松找到适当的证据来确认导致问题出现的主要原因，同时制定并落实解决该问题的措施。关于组织实际情况的事实既可能会涉及相对软性的因素，如组织文化、员工的教育水平、知识技能，以及管理风格等，也可能会涉及比较硬性的因素，如部门骨干员工流动率、工作负荷以及生产率等。

3. 利用人力资源专业人员的科学思考和判断

人力资源专业人员可以借助各种有助于减少偏差，提高决策质量，能够实现长期学习的程序、实践以及框架的支持，做出科学的分析和判断。有效证据的正确使用不仅有赖于与组织的实际情况相关的高质量科学研究结果，还有赖于人力资源决策过程。这是因为证据本身并非问题的答案，需要放在某个具体的情况中考虑，即要想做出明智的判断和高质量的人力资源决策，还需要对得到的相关证据和事实进行深入的思考，不能拿来就用。但问题在于，由于所有人都会存在认知局限，在决策中不可避免地会存在各种偏差。这就需要采取一些方法和手段帮助我们做出相对科学和客观的决策。幸运的是，在这方面，一些经过论证以及实际使用效果很好的决策框架或决策路径能够提醒决策者注意到一些很可能会被忽视的特定的决策影响因素。在批判性思考的基础上仔细对情境因素进行分析，找到一个能够对各种假设进行考察的决策框架，了解事实和目标等，将有助于得出更为准确的判断和解释。

4. 考虑人力资源决策对利益相关者的影响

人力资源管理者在进行人力资源决策时，必须考虑到伦理道德层面的因素，权衡决策对利益相关者和整个社会可能产生的长期和短期影响。人力资源决策和人力资源管理实践对于一个组织的利益相关者会造成直接和间接的后果。这些后果不仅会对普通员工产生影响，而且会对组织的高层和中层管理人员产生影响，同时还有可能会对组织外部的利益相关者，如供应商、股东或者普通公众产生影响。对各种利益相关者的关注是考虑周全且基于证据的人力资源决策的重要特征之一，它有助于避免人力资源决策在无意中对利益相关者造成不必要的损害。

（三）人力资源管理职能的有效性评估

循证人力资源管理一方面要求组织的人力资源管理决策和人力资源管理实践应建立在事实和数据的基础之上，另一方面还要求对人力资源管理职能的有效性进行评估。评估组织的人力资源管理职能有效性有两种方法，即人力资源管理审计法和人力资源管理项目效果分析法。

1. 人力资源管理审计

在人力资源管理领域，以数字为基础的分析常常始于对本组织内人力资源管理活动进行人力资源管理审计。人力资源管理审计是指按照特定的标准，采用综合研究分析方法，对组织的人力资源管理系统进行全面检查、分析与评估，为改进人力资源管理功能提供解决问题的方向与思路，从而为组织战略目标的实现提供科学支撑。作为一种诊断工具，人力资源管理审计能够揭示组织人力资源系统的优势与劣势以及需要解决的问题，帮助组织发现缺失或需要改进的功能，支持组织根据诊断结果采取行动，最终确保人力资源管理职能最大限度地为组织使命和战略目标做出贡献。

人力资源管理审计通常可以划分为战略性审计、职能性审计和法律审计三大类。其中，战略性审计主要考察人力资源管理职能能否成为企业竞争优势的来源以及对组织总体战略目标实现的贡献程度；职能性审计旨在帮助组织分析各种人力资源管理职能模块或政策的执行效率和效果；而法律审计则比较特殊，它的主要作用在于考察组织的人力资源管理活动是否遵循了相关法律法规。

人力资源管理中的法律审计在发达国家受到高度重视，这是因为如果某个组织的人力资源管理活动出现了违反法律规定的情况，就可能会使组织面临巨额的经济惩罚。在我国，除了一些出口企业由于受到国际规则的限制而不得不对人力资源管理活动的合法性和合规性进行审计和报告外，绝大部分的企业还没有开始对自己的人力资源管理系统实施法律审计，部分企业的法律意识还比较淡薄。随着我国相关劳动法律体系的健全以及执法力度的加强，企业由于人力资源管理活动或政策不合法遭受的损失会越来越大。在这种情况下，企业必须重视对本企业人力资源管理政策和实践进行法律审计，以确保人力资源活动的合法性。以招募和甄选过程中的法律审计为例，企业首先需要对组织的招聘政策、招聘广告、职位说明书、面试技术等关键环节的内容进行详细、客观的描述，然后再根据这些内容来寻找相关的法律条款，将自己的管理实践与法律规定进行对比审计分析，在必要时根据法律要求和自身情况做出调整和改进。这样的审计过程能够使企业在很大程度上避免因违反相关法律法规造成的直接和间接损失，这是人力资源管理职能能够为组织做出的一种非常直接的贡献。

人力资源管理审计的考察内容通常是人力资源管理对于组织的整体贡献以及各人力资源管理职能领域的工作结果，即以战略性审计和职能性审计居多。其中，战略性审计主要考察人力资源管理对组织的利润、销售额、成本、员工的离职率和缺勤率等整体性结果产生的影响，而职能性审计则是通过收集一些关键指标来衡量组织在人员的招募、甄选与配置、培训开发、绩效管理、薪酬管理、员工关系、接班计划等领域的有效性。关于人力资源管理审计中的战略性审计和职能性审计所使用的指标问题，因为不同组织审计的出发点不同，以及各个组织的行业特点存在差异，所以审计指标的选取以及指标的详细程度也会有所差异。

2. 人力资源管理项目效果分析

衡量人力资源管理有效性的另一种方法是对某项具体的人力资源管理项目或活动进行分析。对人力资源管理项目进行评价的方式有两种：一种是以项目或活动的预期目标为依据来考察某一特定的人力资源管理方案或实践（比如某个培训项目或某项新的薪酬制度）是否达到了预定的效果；另一种是从经济的角度来估计某项人力资源管理实践可能产生的成本和收益，从而判断其是否为组织提供了价值。

企业在制订一项培训计划的时候，通常会同时确定期望通过这个计划达成的目标，如通过培训在学习层、行为层以及结果层（绩效改善）等方面产生效果。于是，人力资源管理项目分析就会衡量该培训计划是否实现了之前设定的目标，即培训项目对于受训者的学习、行为以及工作结果到底产生了怎样的影响。例如，一家公司在设计一个培训项目时，将目的定位于帮助管理人员将领导力水平提升到某个既定的层次。那么，在培训结束之后，它就会评价这项培训计划是否实现了之前确定的目标，即对培训计划的质量进行分析。于是，该公司在培训计划刚刚结束时，要求受训者对自己的培训经历进行评价；几个月后，培训部门还会对受训者在培训结束后的实际领导绩效进行评估；此外，员工对于公司整体领导力所做的评价也可以用来衡量这些管理人员培训计划的效果。

对上述培训项目还可以采用经济分析的方法，即在考虑与培训项目有关的成本的前提下，对该培训项目所产生的货币价值进行评估。这时，企业并不关心培训项目到底带来了多大变化，只关心它为组织贡献的货币价值（收益和成本之间的差异）大小。这些人力资源管理项目的成本包括员工的薪酬以及实施培训、员工开发或者满意度调查等人力资源管理计划所支付的成本；收益则包括与员工的缺勤率和离职率相关的成本下降，以及与更好的甄选和培训计划有关的生产率上升等，显然成功的人力资源管理项目所产生的价值应当高于其成本，否则这个项目从经济上来说就是不合算的。

二、优化人力资源管理职能的方式

为了提高人力资源管理职能的有效性，组织可以采取结构重组、流程再造、人力资源管理外包以及电子化人力资源管理等几种不同的方式。

（一）人力资源管理结构重组

传统的人力资源管理结构主要围绕员工配置、培训、薪酬、绩效以及员工关系等人力资源管理的基本职能设计，是一种典型的职能分工形式。这种人力资源部门的内部结构如图 8-3 所示。这种结构的优点是分工明确、职能清晰，但是问题在于，人力资源部门只了解组织内部全体员工某一个方面的情况，如员工所受过的培训或员工的薪酬水平、绩效状况等，对某一位员工，尤其是核心员工的各种人力资源状况没有整体性的了解，导致人力资源部门在吸引、留住、激励以及开发人才方面为组织做出的贡献大打折扣；同时，由于各个人力资源管理的职能模块各行其是，人力资源管理职能之间的匹配性和一致性较差，无法满足战略性人力资源管理的内部契合性要求，从而使人力资源管理工作的整体有效性受到损害。因此，有越来越多的组织认识到，传统的人力资源部门结构划分需要重新调整。

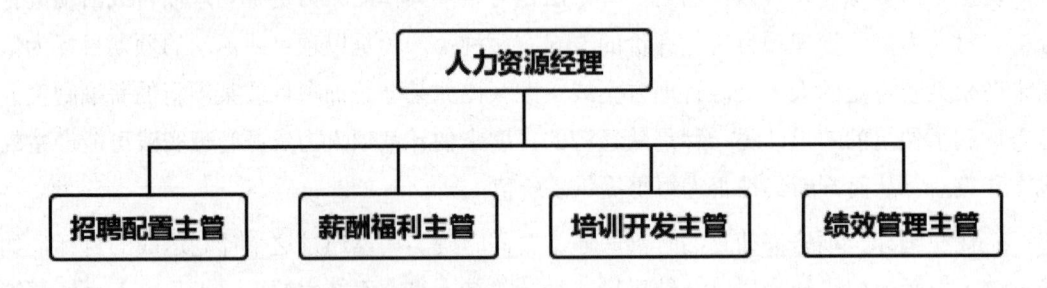

图 8-3 传统的人力资源管理部门设置方式

近年来，很多大公司都开始实施创新性的人力资源管理职能结构，这种结构如图 8-4 所示。在这种结构中，人力资源管理的基本职能被有效地划分为三个部分：专家中心、现场人力资源管理者以及服务中心。专家中心通常由招募、甄选、培训及薪酬等传统人力资源领域中的职能专家组成，他们主要以顾问的身份来开发适用于组织的各种高水平人力资源管理体系和流程。现场人力资源管理者由人力资源管理多面手组成，他们被分派到组织的各个业务部门，具有双重工作汇报关系，既要向业务部门的直线领导者报告工作，又要向人力资源部门的领导报告工作。这些现场人力资源管理者主要承担两个方面的责任：一是帮助自己所服务的业务部门的直线管理者从战略的高度来强化人的问题，解决作为服务对象的特定业务部门中出现的各类人力资源管理问题，相当于一个被外派到业务部门的准人力资源经理；二是确保人力资源管理决策能够在整个组织得到全面、有效的执行，从而强化帮助组织贯彻执行战略的功能。在服务中心工作的人的主要任务是确保日常的事务性工作能够在整个组织中有效完成。在信息技术不断发展的情况下，服务中心能够非常有效地为员工提供服务。

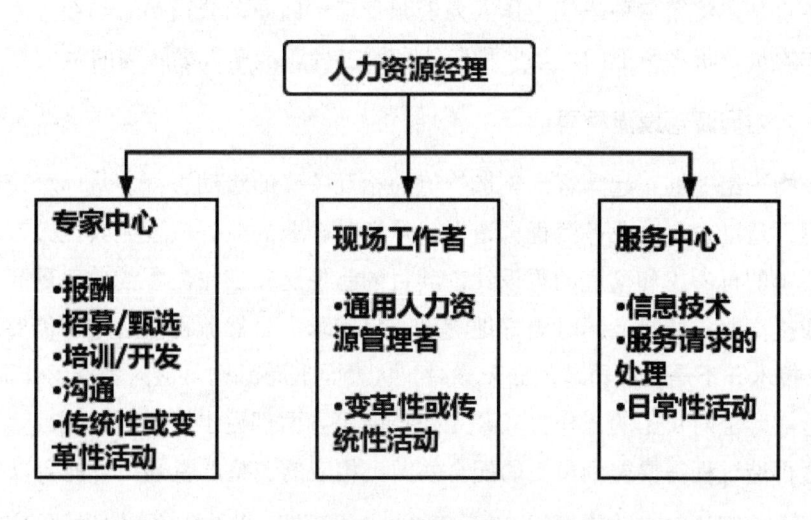

```
                    ┌─────────────┐
                    │ 人力资源经理 │
                    └──────┬──────┘
           ┌───────────────┼───────────────┐
           ▼               ▼               ▼
    ┌──────────┐   ┌──────────┐   ┌──────────┐
    │ 专家中心 │   │现场工作者│   │ 服务中心 │
    │ •报酬    │   │•通用人力资│   │•信息技术 │
    │ •招募/甄选│  │ 源管理者  │   │•服务请求的│
    │ •培训/开发│  │           │   │ 处理     │
    │ •沟通    │   │•变革性或传│   │•日常性活动│
    │ •传统性或变│ │ 统性活动  │   │          │
    │ 革性活动 │   │           │   │          │
    └──────────┘   └──────────┘   └──────────┘
```

图 8-4 新型的人力资源部门结构设置

　　这种组织结构安排通过专业化的设置改善了人力资源服务的提供过程，真正体现了以内部客户为导向的人力资源管理思路。专家中心的员工可以不受事务性工作的干扰，专注于开发自己现有的职能性技能。现场人力资源管理者则可以集中精力来了解本业务部门的工作环境，不需要竭力维护自己在专业化职能领域中的专家形象。最后，服务中心的员工可以把主要精力放在为各业务部门提供基本的人力资源管理服务方面。

　　此外，从激励和人员配备的角度来看，这种新型的人力资源部门结构设计方式也有其优点。过去，由于人力资源管理职能是按模块划分的，每一位人力资源管理专业人员都陷入了本职能模块必须完成的事务性工作之中。尽管在一些人力资源管理专业人员的工作中有一小部分需要较高水平的专业知识和技能才能完成的工作，但是大部分工作都属于日常事务性工作，导致一些人力资源管理工作者感觉工作内容枯燥，缺乏挑战性。新型的人力资源部门结构，即根据工作内容的复杂性和难度设计的三层次人力资源部门结构，可以让相当一部分人力资源管理专业人员摆脱日常事务性工作的束缚，集中精力做专业性的工作；同时还可以让一部分高水平的人力资源管理工作者完全摆脱事务性的工作，发挥他们在知识、经验和技能上的优势，重点研究组织在人力资源管理领域中存在的重大问题，从而为人力资源管理职能的战略转型和变革打下良好的基础。这无疑有助于组织的人力资源管理达到战略的高度，同时也有利于增强对高层次人力资源管理专业人员的工作激励。

　　这种新型的人力资源部门结构设置已经在很多大型企业中得到有效实施。例如，在西门子公司，人力资源管理职能划分为三类：一是人力资源战略职能，它主要负责与大学的联络、人力资源管理工具的开发等，包括招聘、薪酬福利、领导艺术等方面的培训课程，以及人力资源政策开发、法律事务等；二是人力资源咨询职能，即由人事顾问面向各业务部门的经理以及员工做招聘、雇佣以及员工发展方面的咨询；三是事务性管理职能，主要负责日常工资发放、医疗保险、养老金上缴、档案管理、签证等方面的事务。这种组织结构设计的特点是，将第二种职能当作人力资源管理部门面向公司员工与经理人员的窗口，由一个工作人员负责多个部门。第一种职能和第三种职能是人事顾问的两大支柱。

（二）人力资源管理流程再造

流程是指一组能够一起为客户创造价值的相互关联的活动进程，是一个跨部门的业务行程。流程再造，也称"业务流程再造"，是指对企业的业务流程尤其是关键或核心业务流程进行根本的再考虑和彻底的再设计，其目的是使这些工作流程的效率更高，生产出更好的产品或提高服务质量，同时更好地满足客户需求。虽然流程再造常常需要运用信息技术，但信息技术并不是流程再造的必要条件，从表面上看流程再造只是对工作流程的改进，但流程再造实际上对员工的工作方式和工作技能等方面都提出了全新的挑战。因此，组织的业务流程再造过程需要得到员工的配合并做出相应的调整，否则很可能会以失败告终。

流程再造的理论与实践起源于 20 世纪 80 年代后期，当时的经营环境以客户、竞争以及快速变化等为特征，而流程再造正是企业为最大限度地适应这一时期的外部环境变化而实施的管理变革。它是在全面质量管理、精益生产、工作流管理、工作团队、标杆管理等一系列管理理论和实践的基础上产生的，是发达国家对此前已经运行了 100 多年的专业分工细化及组织科层制的一次全面反思和大幅改进。

流程再造不仅可以对人力资源管理中的某些具体流程，如招募甄选、薪酬调整、员工离职手续办理等进行审查，也可以对某些特定的人力资源管理实践，如绩效管理系统进行审查。在信息系统运用于组织的人力资源管理实践的情况下，很多流程都需要进行优化和重新设计。在进行流程再造时，可以先由人力资源部门的员工对现有的流程进行记录、梳理和研究，然后由公司的高层管理人员、业务部门管理人员以及人力资源专业人员共同探讨，确定哪些流程有改进的必要。流程再造经常会用到人力资源管理方面的信息技术，大量的人力资源管理软件以及共享数据库，为人力资源管理的流程再造提供了前所未有的便利，流程再造以及新技术的应用能够带来简化书面记录工作、删减多余工作步骤、使手工流程自动化以及共享人力资源数据等多方面的好处，不仅可以使企业节约在人力资源管理方面花费的时间，还能降低成本，从而提高人力资源工作的效率以及有效性。

（三）人力资源管理外包

除了通过内部的努力来实现人力资源管理职能的优化外，很多企业近年来还探讨了如何通过外包的方式来改善人力资源管理的系统、流程以及服务的有效性。外包通常是指一个组织与外部的专业业务承包商签订合同，让它们为组织提供某种产品或者服务，而不是用自己的员工在本企业内部生产这种产品或服务。

很多组织选择将部分人力资源管理活动或服务外包的主要原因有以下四点。

第一，与组织成员自己完成外包的工作内容相比，外部的专业化生产或服务提供商能够以更低的成本提供某种产品或服务，从而使组织可以通过外购服务或产品降低生产或管理成本。

第二，外部的专业业务承包商有能力比组织自己更有效地完成某项工作。之所以出现这种情况，是因为这些外部服务提供者通常是某一方面的专家。由于专业分工的优势，它们能够建立和培育起一系列可以适用于多家企业的综合性专业知识、经验和技能，因此这些外部生产或服务承包商所提供的产品或服务的质量往往较高。但事实上，很多组织一开始都是出于效率方面的考虑才寻求业务外包的。

第三，人力资源管理服务外包有助于组织内部的人力资源管理工作者集中精力做好对组织具有战略意义的人力资源管理工作，摆脱日常人力资源管理行政事务的困扰，从而使人力资源管理职能对于组织的战略实现做出更大、更显著的贡献，真正进入战略性人力资源管理的层次。

第四，有些组织将部分人力资源管理活动外包是因为组织本身规模较小，没有能力自行完成相关的人力资源管理活动，只能借助外部的专业化人力资源管理服务机构来提供某些特定的人力资源管理服务，如建立培训体系、设计培训课程等。

那么，哪些人力资源活动会被外包出去呢？最初，企业主要将人力资源管理中的一些事务性工作外包出去，如招募和甄选的前期工作、一些常规性的培训项目、养老金和福利的管理等。现在，许多传统性人力资源管理活动以及一些变革性人力资源管理活动也开始被企业外包出去。有些企业甚至将人力资源管理中 50%～60% 的成本和职责都外包出去，只把招募高层管理人员和大学毕业生的工作以及人力资源的战略管理工作留在组织内部完成。需要注意的是，虽然人力资源管理活动的外包可以帮助组织节约时间和成本，为组织提供最优的人力资源管理实践，改善组织为员工提供的各种人力资源管理服务的质量，使组织能够将精力集中在自己的核心经营活动上；但是走这条道路的很多公司在将来也许会面临许多潜在的问题。这些问题主要表现在以下几个方面：

首先，成本节约在短期内可能不会实现。这是因为这些将人力资源业务外包出去的公司不仅要设法处理好与外部伙伴之间的合作关系，同时还要重新思考战略性人力资源管理在公司内部扮演的角色。虽然将人力资源管理中的一些行政职能外包可以使人力资源专业人员将更多的精力集中于战略性人力资源管理活动上，但是企业中现有的人力资源专业人员可能并不具备做出战略贡献的能力。因此，企业还必须在提升现有人力资源专业人员的水平方面进行投资。其次，将人力资源管理业务外包的企业可能会对某个单一外部服务提供者产生依赖，诱使外部供应商提高服务成本。此外，组织和外部服务提供者可能会在由谁占据主导地位的问题上产生冲突。最后，人力资源管理外包可能会向员工发出错误的信号，即员工可能会认为公司将大部分人力资源职能外包出去代表着公司并不重视人的问题。

人力资源管理外包服务的上述潜在问题提醒企业在实施人力资源管理服务外包的时候，必须充分考虑外包的成本和收益以及可能出现的各种问题。目前，我国出现了一批专业化的人力资源管理外包服务提供商，可以提供从人员招募竞选、员工培训、薪酬福利管理到外派员工管理、劳务派遣、劳动合同管理等各种人力资源管理外包服务，但是不同企业的服务水平参差不齐。企业在选择人力资源管理服务提供商的时候，要综合考虑其资质、服务能力、业务专长、未来服务的可持续性，并就相关的人力资源数据保密等问题签订相关的协议，以确保数据的安全以及保护员工隐私。

尽管人力资源管理服务外包存在上述潜在问题，但人力资源外包的趋势并没有发生变化。这种情况提醒组织内部的人力资源管理者必须不断提升战略性人力资源管理方面的技能，否则将来很可能会因为自己所从事的工作被外包出去而失去工作岗位。

（四）电子化人力资源管理

在提升人力资源管理的效率和有效性方面，计算机、互联网以及相关的一系列新工具和新技术发挥着非常重要的作用。不仅如此，信息技术的发展还为人力资源管理职能朝战略和服务方向转型提供了极大的便利。人力资源管理应用信息技术实际上经历了三个阶段：一是人力资源信息系统阶段；二是人力资源管理系统阶段；三是电子化人力资源管理阶段。

1. 人力资源信息系统阶段

人力资源信息系统是在组织从事人力资源管理活动的过程中，对员工及其从事的工作等方面的信息进行收集、保存、分析和报告的系统。人力资源信息系统早期主要是对员工个人的基本情况、教育状况、技能、经验、所在岗位、薪酬等级以及家庭住址、紧急联络人等基本信息加以整理和记录的系统，后来在这些基本的人事管理信息模块的基础上，逐渐扩展到出勤记录、薪酬计算、福利管理等基本人力资源管理功能方面。可以说，人力资源信息系统是一个人力资源管理辅助系统和基础性的人力资源管理决策支持系统，它可以随时提供组织的人力资源决策所需要的各项基础数据以及基本的统计分析功能。随着计算机的普及，基本上所有的企业都采用了人力资源信息系统。

对于大企业来说，由于员工人数众多，数据域较大，需要计算和统计以及查询的人力资源信息非常多，通过计算机存储人力资源信息显然是必然的。在人力资源信息系统中有一个关联性数据库，即将相关的人力资源信息存储在不同的文件之中，但是这些文件可以通过某些共性要素或字段（比如姓名、员工号、身份证号码等）连接在一起。例如，员工的个人信息与薪酬福利信息及培训开发信息保存在不同的文件中，可以通过员工姓名将不同文件中的信息联系在一起，在进行人力资源管理活动时就可以随时取用和合并相互独立的员工信息资料。

2. 人力资源管理系统阶段

人力资源管理系统是在人力资源信息系统基础上进一步发展而来的，这种系统在传统的人事信息管理模块、员工考勤模块以及薪酬福利管理模块等一般性人力资源管理事务处理系统的基础上不断扩展，涵盖了职位管理系统、员工招募甄选系统、培训管理系统、绩效管理系统、员工职业生涯规划系统等几乎所有的人力资源管理职能模块。此外，人力资源管理系统是以互联网为依托，属于互联网时代的人力资源管理信息系统。它从科学的人力资源管理角度出发，从企业的人力资源规划开始，包括个人基本信息、招募甄选、职位管理、培训开发、绩效管理、薪酬福利管理、休假管理、入职离职管理等基本的人力资源管理内容，能够使组织的人力资源管理人员从烦琐的日常工作中解脱出来，将精力放在更加富有挑战性和创造性的人力资源管理活动上，如分析、规划、员工激励以及战略执行等工作。

总体来说，人力资源管理系统除了具有人力资源信息系统的日常人力资源管理事务处理功能之外，还增加了决策指导系统和专家系统。首先，日常事务处理系统主要用来审查和记录人力资源管理决策与实践需要用到的一些计算和运算，包括对员工工作地点的调整、培训经费的使用、课程注册等方面的记录以及填写各种标准化的报告。其次，决策支持系统主要用来帮助管理人员针对相对复杂的人力资源管理问题提供解决方案。这个系统常常包括"如果……那么……"这一类的字句，使该系统的使用者可以看到，当假设或数据发生改变时，结果会出现怎样的变化。例如，当企业需要根据人员流动率或劳动力市场上某种类型的劳动力的供给量来决定需要雇用多少位新员工时，决策支持系统就能够给企业提供很大的帮助。最后，专家系统是通过整合某一领域中具有较丰富专业知识和经验的人所遵循的决策规则形成的计算机系统。这一系统能够根据使用者提供的信息向他们提出比较具体的行动建议。该系统所提供的行动建议往往都是现实中的人力资源专家在类似的情形下可能会采取的行动。例如，在与一位员工进行绩效面谈时，如果员工情绪激动或者不认可领导做出的绩效评价结果，那么专家系统就会为主持面谈的管理者提供适当的解决方案。

3. 电子化人力资源管理阶段

电子化人力资源管理是指基于先进的软件、网络新技术以及高速且容量大的硬件，借助集中式的信息库、自动处理信息、员工自助服务以及服务共享等方式实施人力资源管理的一种新型人力资源管理实践，它能够起到降低成本、提高效率以及改进员工服务模式的作用。总体来说，电子化人力资源管理实际上是一种电子商务时代的人力资源管理综合解决方案，它包含"电子商务""互联网""人力资源管理业务流程再造""以客户为导向""全面人力资源管理"等核心理念，综合利用互动式语音技术、国际互联网、客户服务器系统、关联型数据库、成像技术、专业软件开发、可读光盘存储器技术、激光视盘技术、呼叫中心、多媒体、各种终端设备等信息手段和信息技术，极大地方便了人力资源管理工作的开展，同时为各级管理者和广大员工参与人力资源管理工作以及享受人力资源服务提供了很大的便利。人力资源信息系统、人力资源管理系统只是电子化人力资源管理得以实现和运行的软件平台和信息平台，这些平台在集成之后以门户的形式表现出来，再与外部人力资源服务提供商共同构成电子商务网络，如电子化学习系统、电子化招募系统、在线甄选系统、在线人力资源开发系统、在线薪酬管理系统等。

从电子商务的角度来讲，电子化人力资源管理包括需要通过网络平台和电子化手段处理的三大类关系：企业与员工之间的关系、企业与企业之间的关系以及企业与政府之间的关系。首先是从企业到客户。在人力资源管理领域客户是指包括各级管理者和普通员工在内的雇员，从而演变成了从企业到雇员，这与在企业人力资源管理和开发活动中将员工视为活动指向的客户的观点是一致的，通过网上的互动来完成相关人力资源事务的处理或交易使员工可以像客户一样从网络获得人力资源部门提供的产品和服务。其次是从企业到企业。在从企业到企业中，其中一个企业是指组织，另外一个是指外部人力资源管理服务提供商，即组织可以通过电子化人力资源管理平台以在线的方式从专业化的外部人力资源管理服务提供商，如咨询公司、各类招聘网站、电子化学习服务提供商处购买各类人力资源管理服务。最后是从企业到政府。电子化人力资源管理可以帮助企业处理与政府、劳动力市场以及劳资关系和社会保障等事务的主管部门发生的业务往来，将原来通过书面或人工方式实现的往来业务转移到网上自动处理，如各项劳动保险的办理、劳动合同和集体合同的审查等。

总的来说，电子化人力资源管理可以给组织带来以下四方面的好处：

一是提高人力资源管理的效率以及节约管理成本。相比传统手工操作的人力资源管理，电子化人力资源管理的效率显然要高得多。电子化人力资源管理是一种基于互联网和内联网的人力资源管理系统，公司的各种政策、制度、通知等都可以通过网络渠道发布；很多日常人力资源管理事务，如薪酬的计算发放、所得税的扣缴以及各种人力资源报表的制作等，都可以通过系统自动完成，并且员工和各级管理人员也可以通过系统自主查询自己需要的各种人力资源信息，或者自行注册自己希望得到的各种人力资源服务（如希望参与的培训项目或希望享受的福利计划等）。与此同时，人力资源管理活动或服务所占用的组织人员数量和工作时间大幅减少，管理成本也大幅降低，尤其是那些员工分散在全球各地的全球性或国际化企业。

二是提高人力资源管理活动的标准化和规范化水平。电子化人力资源管理通常是对数据进行集中式管理，将统一的数据库放在客户服务器上，然后通过全面的网络工作模式实现信息全面共享。这样一来，得到授权的客户就可以随时随地地接触和调用数据库中的信息。此外，在电子化人力资源管理中，很多人力资源管理实践都建立在标准的业务流程基础之上，它要求使用者的个人习惯服从于组织的统一管理规范，这对实现人力资源管理行为的一致性非常有帮助。这种信息存储和使用模式不仅可以使人力资源管理活动和服务可以跨时间、跨地域，也能够确保整个组织的人力资源管理信息和人力资源管理过程的规范性、一致性，同时还提升了人力资源管理工作的透明度和客观性，有助于避免组织因为个人的因素陷入法律诉讼，确保公平对待，提升员工的组织承诺度和工作满意度。

三是彻底改变人力资源部门和人力资源专业人员的工作重心。在传统的人力资源管理方式下，人力资源部门和人力资源专业人员首先是大量从事行政事务性工作，其次是职能管理类工作，而在战略性工作方面花费的时间很少。在电子化人力资源管理的环境下，人力资源工作者将工作重心放在帮助企业在人员管理上提供管理咨询服务，而行政事务性工作被电子化、自动化的管理流程取代，甚至过去大量的数据维护工作，也可以在授权后由直线经理与员工分散完成。电子化人力资源管理推动了人力资源职能的变革进程，使人力资源部门和人力资源管理工作者能够真正从烦琐的日常行政事务中解脱出来，使他们从简单的人力资源信息和日常性人力资源服务的提供者转变为人力资源管理的知识和解决方案提供者，能够随时随地为领导层和管理层提供决策支持，促使他们对组织最为稀缺的战略性资源，即各类人才给予更为全面的关注。电子化人力资源管理能够为人力资源管理专家提供有力的分析工具和可行的建议，帮助人力资源部门建立积累知识和管理经验的体系，还有助于提升人力资源部门和人力资源专业人员的专业能力和战略层次，增强他们为组织做贡献的能力，从而使其他组织成员对他们给予重视，促使他们名副其实地进入战略伙伴的角色。

四是强化领导者和各级管理者的人力资源管理责任，促使全员参与人力资源管理活动。首先，虽然电子化人力资源管理使人力资源管理过程更加标准化、简便化，但是除了人力资源管理体系的建立外，人力资源管理活动的规划，对人力资源管理过程的监控，人力资源管理结果的汇总、分析等工作仍然需要人力资源部门来统一完成，具体的人力资源管理活动会越来越多地委托给直线经理人员来完成。直线经理可在授权范围内在线查看所有下属员工的相关人事信息，更改员工的考勤信息，向人力资源部提交招聘或培训等方面的计划，对员工提出的转正、培训、请假、休假、离职等申请进行审批，并且能够以在线方式对员工的绩效计划、绩效执行以及绩效评价和改进等绩效管理过程加以管理。其次，组织领导者可以通过电子化人力资源管理平台查询人力资源信息和人力资源指标变化情况，还可以通过平台做出决策。具体来说，领导者不仅可以在某项人力资源管理活动流程到达自己这里的时候，通过电子化人力资源管理平台直接在网上（在离开办公室的情况下可以利用智能手机）进行相关人力资源事务的处理；也可以在不依赖人力资源部门的情况下，自助式地获知组织的人力资源状况并进行实时监控；还可以获得如做出决策所需要的人力资源指标变动情况等各项信息。电子化人力资源平台可以使领导者和管理者越来越直接地参与到人力资源管理的各项决策以及政策的实施过程之中。最后，员工也可以利用电子化人力资源管理平台，通过在线的方式查看组织制定的各项规章制度、组织结构、岗位职责、业务流程、内部招募公告、个人的各种人事信息、薪酬的历史与现状、福利申请及享受情况、考勤休假情况、注册或参加的组织内部培训课程，以及提交的请假或休假申请。此外，员工还可以在得到授权的情况下自行修改个人信息数据，填报个人绩效计划和绩效总结，以及与人力资源部门进行沟通和交流等。

正是由于上述优势，电子化人力资源管理这种能够适应以网络化、信息化、知识化和全球化为特征的新环境的人力资源管理模式才成为当今企业人力资源管理领域的一个重要发展趋势。近年来，我国很多企业正在逐步构建和完善电子化人力资源管理系统。此外，我国市场上也出现了不少电子化人力资源管理服务的供应商，用友、金蝶等大型软件供应商也在原来的人力资源管理系统的基础上，纷纷开发出综合性的电子化人力资源管理信息平台。可以预见，电子化人力资源管理在我国企业中的普及速度会越来越快，也必将会有越来越多的企业从中受益。

参考文献

[1]祁大伟,宋立丰.数据驱动与企业管理[M].北京:清华大学出版社,2022.

[2]王海成.企业管理制度写作规范技巧例文[M].北京:中国纺织出版社,2022.

[3]李亚杰,王风云.现代企业管理与社会责任理论研究[M].天津:天津人民出版社,2022.

[4]李蕾,全超,江朝虎.企业管理与人力资源建设发展[M].长春:吉林人民出版社,2021.

[5]乔继玉,赵慧敏.人力资源管理实践与技能提升丛书员工关系管理操作指南[M].北京:人民邮电出版社,2021.

[6]赵曙明.人力资源管理总论(人力资源管理专业高等院校金课系列教材建设)[M].南京:南京大学出版社,2021.

[7]乔继玉,李思达.人力资源培训与开发操作指南(培训课程设置与全员综合技能提升)[M].北京:人民邮电出版社,2021.

[8]丛世栋.现代供热企业管理[M].北京:化学工业出版社,2021.

[9]闫志宏,朱壮文,李贵鹏.人力资源管理与企业建设[M].长春:吉林科学技术出版社,2020.

[10]李燕萍,李锡元.人力资源管理[M].3版.武汉:武汉大学出版社,2020.

[11]王振.企业人力资源管理师(一级)[M].北京:中国劳动社会保障出版社,2020.

[12]孙锐.中国科技企业战略人力资源管理、组织情绪能力及其对创新的影响[M].北京:经济科学出版社,2020.

[13]张宪.企业管理创新与实践[M].北京:现代出版社,2020.

[14]罗建华,安四明.企业行政管理实务[M].北京:机械工业出版社,2020.

[15]闫轶卿.薪酬管理从入门到精通[M].北京:清华大学出版社,2020.

[16]周艳丽,谢启,丁功慈.企业管理与人力资源战略研究[M].长春:吉林人民出版社,2019.

[17]王晓艳,刘冰冰,郑园园.企业人力资源管理理论与实践[M].长春:吉林人民出版

社,2019.

[18]朱菲菲.人力资源管理应备的财务常识[M].北京:中国铁道出版社,2019.

[19]阿东.人力资源管理实操手册[M].北京:企业管理出版社,2019.

[20]李娟.人力资源服务产业与企业管理[M].长春:吉林出版集团有限责任公司,2019.

[21]薛丽红,李晓宁.现代企业管理[M].北京:北京理工大学出版社,2019.

[22]李延菲,吴三丰,张晓东.人力资源管理艺术与企业建设[M].南京：江苏凤凰美术出版社,2018.

[23]王晓平,尚猛,李瑶.企业管理的创新模式[M].北京:煤炭工业出版社,2018.

[24]梁春满.企业管理标准化体系建设实战指南[M].合肥:合肥工业大学出版社,2018.

[25]杨静,鄢飞.企业管理与技术经济分析分社[M].天津:天津大学出版社,2018.

[26]刘泓汐,程娇,马丹.人力资源与企业管理研究[M].长春:吉林人民出版社,2017.

[27]李旭穗,倪春丽.人力资源开发与管理项目化教程[M].广州:华南理工大学出版社,2017.

[28]喻德武.互联网+人力资源管理新模式[M].北京:中国铁道出版社,2017.

[29]蔡世刚.企业管理[M].西安:西安交通大学出版社,2017.

[30]尹子民.企业管理理论与实践[M].沈阳:东北大学出版社,2017.

[31]张友涛,王效安.现代企业管理[M].西安:西北大学出版社,2017.

[32]章益新.连锁企业经营管理[M].上海:上海交通大学出版社,2017.

[33]周红波.企业文化与管理[M].延吉:延边大学出版社,2017.

[34]王丹竹,管恒善,陈琦.企业经济发展与管理创新研究[M].长春:吉林人民出版社,2017.